# VACARME POUR MUSIQUE

*ici* *l'ailleurs*
collection dirigée par Aline Apostolska

# BRIAN BRETT

# Vacarme
# pour musique

Traduit de l'anglais (Canada) par Aline Apostolska
en collaboration avec Raphaël Apostolski-Weyland

LEMÉAC

Couverture : dessin de Jesús de Vilallonga, *Métiers* (détail),
11 × 19 cm, 2004.

*Leméac Éditeur remercie le ministère du Patrimoine canadien, le
Conseil des arts du Canada, la Société de développement des entreprises
culturelles du Québec (SODEC) et le Programme de crédit d'impôt pour
l'édition de livres du Québec (Gestion SODEC) du soutien accordé à
son programme de publication.*

Titre original : *Uproar's Your Only Music*
Éditeur original : Exile Editions, Toronto
© Brian Brett, 2004

ISBN 978-2-7609-6516-4

© Copyright Ottawa 2008 par Leméac Éditeur
4609, rue d'Iberville, 3ᵉ étage, Montréal (Québec) H2H 2L9
Dépôt légal – Bibliothèque et Archives nationales du Québec,
2008

*Imprimé au Canada*

*There is nothing stable in the world :*
*uproar's your only music*

JOHN KEATS, *LETTRES*

# PRÉFACE

Mesdames et Messieurs, je vous présente un des hommes les plus courageux que je connaisse. Il s'appelle Brian Brett, et vous êtes sur le point d'entrer dans son monde de démesure. Vous avez de la chance.

Son courage physique, oui, tout d'abord. Je n'oublierai jamais cet homme qui plongeait à la poursuite des crabes dans les eaux froides de la baie de Vancouver, au large de l'île de Saltspring, sans combinaison de plongée ni bouteille d'oxygène, pour assouvir son désir absolu de déguster ces délicieux crustacés. Aller bûcher dans le bois avec lui représente également toute une épopée, une sorte d'aventure homérique qui rend cet homme parfois dangereux à fréquenter. Sa nature intense peut être une source de risques tant pour ses amis et ses voisins que pour lui-même. Je l'ai même transformé en personnage dans *Voyages avec mes parents*, roman jeunesse réalisé avec Marie-Louise Gay, dans lequel on le découvre, au fil des pages, accompagné de sa splendide suite d'animaux domestiques mal domestiqués.

Évidemment, son histoire véritable se révèle plus profonde, et plus sombre, que celle d'un colosse bon vivant. Nous ne sommes manifestement pas en présence d'un « sous-Bukowski » ou d'un noceur unidimensionnel. La clef de la chose, comme vous le lirez dans ce court récit, c'est le syndrome de Kallman, qui a fait de Brett un être « du troisième genre » – entre les sexes –, ou, selon ses propres mots, un monstre. Il s'identifie aussi à Tirésias, personnage mythologique qui a pu apercevoir les deux côtés de la médaille. Dans ce livre, avec une parfaite honnêteté et une totale absence de théâtralité – c'est à peine s'il se met en scène –, il dévoile l'histoire d'une anomalie hormonale qui a, en définitive, fait de lui un homme d'exception. Ceux et celles qui ont lu le *Middlesex* d'Eugenides comprendront la référence.

Il est aussi un excellent animateur, un rassembleur de la communauté littéraire canadienne-anglaise et un exemple typique de la *vibe* de la Colombie-Britannique : un mélange d'amour de la nature, de mysticisme, d'ouverture sur les cultures asiatiques et autochtones, vivant toujours un œil sur le Pacifique et l'autre sur la route. C'est un tout autre monde là-bas, peuplé de contrebandiers de patates et de cultivateurs de champignons magiques : tous ces personnages hors normes peuplent le livre de Brian Brett et vous les rencontrerez au fil de sa plume.

Ce que j'aime surtout chez Brett, c'est sa prodigalité non dénuée d'humilité, son côté zen, son acceptation du destin. Il se dit chanceux. Si l'on connaît son histoire médicale, cette affirmation peut surprendre des gens « normaux » comme vous et moi. La lecture de ce livre vous prouvera qu'il a, en fait, tout à fait raison.

David Homel

# I

Ma grand-mère était fleuriste sur Piccadilly.
Durant la Grande Guerre, son premier
mari fut tué d'une balle ayant transpercé
sa bible de poche. Les autorités compétentes
retournèrent la bible imbibée de son
sang sombre. Grand-mère, laissée dans
la misère avec deux enfants, tomba dans
les bras du frère de son mari décédé et,
bientôt, l'épousa. Un autre fils naquit, mon
père, Leonard, à proximité des cloches de
St. Mary le Bow, comme il convient à un
vrai *cockney*. Alors que papa n'était âgé que
de quelques mois, la famille émigra pour
une meilleure vie vers la terre promise du
Canada, emportant la bible tachée de sang
qui devait, des années plus tard, marquer
mon esprit.

À Vancouver, la famille *cockney* de
mon père était une bande de travailleurs
acharnés : ramasseurs d'ordures et vendeurs
de ferraille, livreurs de charbon, marchands
ambulants de tomates, de pommes, de

patates – tout leur était bon à vendre. C'était
une maison de durs à cuire. Papa, alors qu'il
n'était qu'un enfant, trouva le revolver de
son père sous un oreiller et poursuivit son
jeune frère Jack à travers les pièces, riant et
hurlant : «Je vais te tuer.» Et le coup partit
tout seul.

Jack n'y survécut que brièvement. Il porta
une atroce cicatrice sur sa colonne vertébrale
jusqu'à ce qu'il meure une décennie plus
tard. Quant à mon père, il en conserva un
profond sentiment de culpabilité.

Ma grand-mère, fumeuse de Rollies[1],
continua à faire du porte-à-porte pour vendre
des produits jusqu'à ses 80 ans, jusqu'à ce
qu'une voiture surgît une nuit de la pluie
alors qu'elle revenait à la maison après une
autre journée épique passée à cogner aux
portes, une patate dans une main et une
pomme dans l'autre. La voiture lui estropia
la hanche, mettant un terme à sa carrière et
la rendant amère.

Papa grandit dans les rues graveleuses
du East End et y apprit seul comment
prospérer dans ce monde dur et casse-
gueule. Il avait l'habitude de grimper aux
poutres des ponts de Vancouver, rampant
autour de l'acier rouillé, parfois à des

---

1. Marque populaire de cigarettes à rouler.
   (N.d.T.)

centaines de mètres au-dessus du boueux
fleuve Fraser, pour enlever les pigeonneaux à
leurs nids et les vendre aux gourmets chinois.
Durant mon enfance, j'ai élevé des pigeons
de course et des pigeons de fantaisie, et une
fois papa me fit apporter une boîte de mes
pigeonneaux à Chinatown. Je n'avais pas
déposé ma cage depuis cinq minutes que,
les pieds des bébés la raclant, s'ensuivit
une surenchère de la part d'un groupe de
vieillards sortis de nulle part. J'aimais mes
pigeonneaux et en ressentis de la culpabilité
des années durant.

Un autre jour, lorsque je revins à la
maison, je découvris que papa faisait grésiller
les pigeonneaux issus de l'accouplement
de mes meilleurs pigeons de course dans la
poêle à frire. J'en fus horrifié. En plus, leur
chair avait un goût de caoutchouc.

Les pigeons m'apprirent à apprécier
l'esprit des oiseaux ainsi que les insondables
pensées de ceux que nous appelons des
bêtes. J'ai toujours éprouvé beaucoup
d'empathie pour les animaux, en particulier
les oiseaux. Je me vois encore dans une
grande cage, les pigeons perchés sur ma
tête, mes épaules et mes bras nus, fasciné
par leur roucoulement doux et leur regard
sans fond.

Certains, les Rouleurs, étaient capables de
magnifiques tonneaux et de vols contrôlés,

tout comme les as de la Grande Guerre lorsqu'ils décidaient de se montrer. Mais c'étaient les Glisseurs tachetés que je préférais. Ils pouvaient monter très haut dans le ciel, puis tomber, glisser de façon chaotique presque jusqu'au sol, puis soudainement se redresser pour remonter vers le ciel.

J'adorais la façon dont les Homers[2] tournent après un long vol et descendent vers leur point d'atterrissage. Un jour, Rocky, mon demi-Homer préféré, se percha sur un poteau hydraulique avant son traditionnel envol depuis la trappe de la cage – une mauvaise habitude commune à certains pigeons. Alors qu'il se tenait là, un faucon lui trancha la tête en plongeant. Quarante ans plus tard, je vois encore sa tête voler dans les airs.

Les parents de papa étaient connus dans le quartier pour avoir un coq de combat unijambiste, appelé Charlie (son autre jambe avait gelé durant un hiver rigoureux), qui était si méchant que le facteur n'osait pas entrer dans la cour. Charlie avait l'habitude de sauter et de déchirer les bas de ma mère lorsqu'elle venait en visite – la blessant souvent jusqu'au sang avec son ergot unique.

Pour plusieurs raisons maintenant oubliées, je décidai de haïr la maison de

---

2.  Autre race de pigeons. (N.d.T.)

mes grands-parents. Je passais des heures à attendre dans la voiture, refusant obstinément d'entrer. J'étais un enfant à la tête dure, aveugle à la vie vibrante qui emplissait cette maison ravagée. C'était mon choix.

Avec les parents de papa, les événements les plus simples pouvaient rapidement se transformer en situations effrayantes. À l'occasion d'un pique-nique familial à Paradise Valley, mon cousin Stevie et moi commençâmes à nous battre. Son père, Albert, me frappa, et mon père frappa Albert. Toute la famille se joignit au combat qui dégénéra en bagarre générale. Par la suite, ils nous trouvèrent, Stevie et moi, cachés sous la table à pique-nique tandis qu'ils durent conduire papa à l'hôpital pour recoudre le morceau d'oreille qu'Albert lui avait arraché avec ses dents. Stevie était un magnifique garçon qui fut plus tard décapité dans le monte-charge d'une mine alors qu'il avait à peine dix-neuf ans.

Quant à mon père, il avait perdu sa jambe gauche à l'âge de dix-sept ans après que la voiture volée qu'il conduisait eut percuté un poteau de téléphone à cent soixante kilomètres à l'heure.

L'accident et une année pénible passée à l'hôpital lui mirent un peu de plomb dans la cervelle et l'incitèrent à se détourner de ses amis louches du East Side, même s'il en garda un fond malfaisant prêt à ressortir au moment le plus inattendu.

Des années plus tard, il me raconta que lorsqu'il sortit de l'hôpital, il alla travailler dans la petite scierie de l'oncle Jim, à la chaîne de coupe – le pire emploi de l'industrie forestière, à la brutalité pourtant célèbre –, sautillant sur une jambe, arrachant de lourdes planches à la lame et les empilant, jusqu'à ce qu'une jambe artificielle neuve puisse lui être manuellement fabriquée. J'ai pu observer les prouesses de papa avec le bois plus d'une fois. Il agrippait le bout d'une planche, la secouant de haut en bas, puis utilisait ce mouvement de balancier pour la jeter sur une autre pile. À en juger par ses capacités, il avait travaillé plus d'une fois à la chaîne de coupe ; cependant, les histoires qu'il me raconta auraient pu n'être qu'un autre de ses récits imaginaires. Jusqu'à sa mort, il y eut de jeunes enfants pour croire à ses sornettes de combats avec des requins, des grizzlis, ou encore avec le crocodile qui lui aurait dévoré la jambe.

Papa brisait ses jambes de bois à une fréquence alarmante. Sa meilleure prothèse fut faite en aluminium. Elle lui fut léguée par un client décédé. Cette jambe-là dura une décennie. Son record fut trois jambes détruites en une année. Il tomba accidentellement d'un arbre sur la troisième jambe, distrait par un voisin en colère parce qu'il croyait que l'arbre était sur sa propriété – ce qui se révéla par la suite exact, au double désappointement de mon père. Maman et moi l'accompagnâmes au magasin pour la remplacer, désireux d'entendre l'extraordinaire explication qu'il allait inventer.

Le prothésiste ne pouvait comprendre ce carnage. Il dit à mon père : «Ces jambes sont fabriquées par des professionnels pour durer toute la vie. Or, c'est votre troisième cette année. Vous êtes horriblement dur avec elles. Qu'est-ce que vous leur faites?»

«Mais, répondit mon père, je ne suis pas estropié, vous savez!» Les yeux du prothésiste s'agrandirent, et ma mère et moi nous appuyâmes au mur, tentant de retenir notre rire. Il n'était pas estropié, si ce n'était de sa jambe manquante. Lorsque, dans sa soixantaine, on lui donna un autocollant pour les stationnements pour handicapés, il fut convaincu d'en avoir passé une vite au gouvernement. Personne ne put jamais le convaincre qu'il était réellement handicapé.

Ce n'est pas qu'il se sentît humilié par son membre absent, comme le sont certains, mais il arriva un incident alors qu'il transportait un sac de pousses dans la maison d'une dame et que sa jambe tomba. La dame laissa échapper un cri, puis nous fixa avec horreur. C'est l'une des rares fois où je vis mon père perdre son calme, se retourner et s'enfuir, sautillant le long de la rue. Je bredouillai une explication à la dame et me dépêchai de le rejoindre avec la chaussure, la chaussette de laine et le pied encore à l'intérieur.

Il avait l'habitude de garder ses jambes brisées (il les cassait en morceaux) appuyées contre le mur de la salle de bains du sous-sol, à côté d'une jambe de rechange. Cela pouvait effrayer les gens. Pour mon douzième anniversaire, j'organisai une fête, et l'un des enfants se mit à chercher les toilettes. La lumière était éteinte et la vue des jambes appuyées contre le mur le fit courir jusque dans la rue en hurlant.

Tout au long de sa vie, mon père accepta joyeusement n'importe quel emploi salarié. Il n'avait que dix ans lorsque débuta la Grande Dépression, et il quitta tôt l'école pour travailler. Il déclara toujours avoir aimé la Dépression, parce qu'il était alors très facile de gagner de l'argent : « Tout le monde était désireux de faire des affaires », affirmait-il, et, s'il y avait du troc et des affaires, il y avait du profit à faire, peu importait qu'il fût petit. Pendant des années il développa un commerce lucratif en revendant tout ce qu'il pouvait acheter au cours de ses escapades.

Un grand nombre de mes premiers souvenirs prennent ainsi leur source dans l'énorme décharge de Whalley, un petit quartier ouvrier près du Fraser. Les piles d'ordures rappelaient des scènes surréalistes sortant tout droit de films comme *Shapes of Things to Come* ou le plus récent *Road Warrior* – des empires de ruines ressemblant aux fouilles archéologiques d'une civilisation en constante disparition.

Plus tard, lorsque papa découvrit le marché grandissant des antiquités, il prit l'habitude de se lamenter sur tous ces coûteux lits en laiton qu'il avait fondus des décennies plus tôt – tout ça pour seulement deux cents la livre. S'il dénichait un objet plus sophistiqué (tel qu'une glacière à viande abandonnée), il me payait pour le démolir – me laissant seul avec une scie à métaux et une masse –, ce qui équivalait à un ticket pour le paradis aux yeux d'un enfant tourmenté. Et je le détruisais avec bonheur, en extirpant l'aluminium et la tuyauterie de cuivre. Il semblait magnifiquement absurde d'être payé pour détruire des choses. De nos jours, bien sûr, ce n'est plus payant de recycler de tels objets, et presque tout va à la décharge.

Ainsi possédait-il un don comparable à celui de transformer l'eau en vin. Homme large et grand – il pesait deux cent vingt livres malgré sa jambe manquante –, papa travaillait dur, que ce fût pour livrer du charbon ou des cadeaux de Noël. Il avait rapidement abandonné sa carrière à l'usine de matelas après avoir réalisé que tous les employés crachaient du sang. Son père lui avait dit : «Fous le camp de là!» Cela lui avait inspiré une aversion irréversible pour les emplois où il fallait pointer, comme le requérait par exemple un emploi de lanceur de rivets dans un chantier naval.

Travaillant la nuit, il prit l'habitude de tirer des rivets chauffés à blanc de la chaudière avec ses pinces, de les secouer puis de les envoyer, encore plein d'étincelles, plusieurs étages plus haut où un attrapeur les saisissait à l'aide d'un seau avant de les placer pour le riveteur. Une nuit, un attrapeur ne fit pas assez attention et fut sérieusement brûlé par le rivet lancé par papa. Peu après cet incident, celui-ci quitta le chantier naval. Il ne voyait guère d'intérêt à blesser des hommes inattentifs.

Durant les années qui suivirent, il travailla dans la production illégale de pommes de terre. Pendant les années 1950 et 1960, puisque je n'allais pas à l'école, il m'emmenait avec lui. La culture illicite de patates consistait en l'achat de plants à bas prix chez un fermier et leur revente au porte-à-porte à un prix inférieur à celui demandé par les magasins, tout en évitant les inspecteurs du bureau de commerce qui pouvaient nous imposer une amende, ou même saisir le camion et les plants. Le bureau de commerce était un monopole gouvernemental créé pour maintenir les prix à un niveau artificiellement haut. Il était de notoriété publique qu'ils vendaient des plants pourris aux petits producteurs indépendants comme nous lorsque nous tentions de leur acheter des pommes de terre légales. Le mépris pour les travailleurs indépendants se trouvait ainsi confirmé, après avoir été un temps inhibé par les campagnes anti-trust du début du siècle.

Puisque commencer tôt le matin était la meilleure façon d'éviter les inspecteurs, j'ai passé de nombreuses aubes glaciales à regarder dehors en restant sous la toile à l'arrière du camion, blotti dans un épais manteau, assis sur les sacs de pommes de terre.

Papa aimait la vente au porte-à-porte – ces balades matinales vers de nouvelles aventures quotidiennes, le défi de la vente à des étrangers, bien que les kilomètres de marche et l'empaquetage de centaines de livres de patates se fissent ressentir durement, et que sa maudite jambe se mît parfois à faire des mouvements convulsifs, voire à tressauter durant la nuit. D'habitude, il travaillait avec un homme que j'appelais Fat Sid, qui, dans mon esprit d'enfant, pesait au moins trois cents livres. Il insultait parfois les clients difficiles et semblait continuellement bougon à propos de tout, marchant péniblement dans la rue avec le pantalon descendant si bas que l'on pouvait voir la raie de ses fesses. J'aimais bien Sid. Son aspect ronchon cachait un intérieur tendre.

Au fil des ans, il y eut des changements d'employés, mais Sid revenait toujours. Malgré des styles de vie différents, lui et papa avaient développé une véritable affection l'un pour l'autre. J'ai vu Sid pour la dernière fois à l'enterrement de papa. Il avait l'air diminué, plus mince, doux et triste ; il me fit réaliser à quel point j'avais dû être petit à l'époque pour le croire si énorme.

Un autre des employés de longue date de mon père était Walter le fou. C'était un homme sympathique et timide – infatigable lorsqu'il prenait ses médicaments, mais obligé de faire des séjours à l'hôpital régulièrement, à quelques années d'intervalle. Il me disait qu'il avait besoin de se faire « réaccorder » avec un traitement d'électrochocs. À partir de cette période, son comportement devint erratique. Papa ne le renvoya jamais malgré son attitude étrange ou bizarre. C'était la vie, et le sympathique Walter était son employé. L'idée des électrochocs me terrifiait, mais Walter déclarait ne pas s'en inquiéter, même si à chaque retour il semblait passablement perdu pendant quelques jours.

Walter s'occupait de l'argent et des adresses des clients qui achetaient leurs plants à crédit, ou « sur le bras », comme nous aimions dire. Papa n'était pas très bon en calcul. Il n'y a que peu d'années que nous avons découvert qu'il nous cachait aussi son analphabétisme. Il pouvait survoler un livre ou les journaux et deviner à peu près ce qu'il y avait dedans. Mais c'était l'écriture qui lui échappait. Lorsque maman s'en rendit compte, il était dans la soixantaine. Nous nous moquâmes du pauvre papa si durement qu'il apprit vite à écrire. Nous nous y prîmes de façon certes brutale, mais dans ce cas-là, ça en valut le coup. Il était incroyable à voir, saisissant son crayon et un papier, soulignant lettre après lettre obstinément jusqu'à créer un mot, puis une phrase. Après cela, il n'y eut rien pour l'arrêter.

Lorsque nous vendions dans les rues, nous pouvions avoir des centaines de dollars sur nous, y compris ce qui était nécessaire à l'achat des patates du lendemain. Un jour, dans la petite ville de Squamish, Walter cria à papa d'arrêter la voiture et se précipita dans une banque. Nous pensâmes qu'il devait avoir des chèques de clients à encaisser. Plus tard, alors qu'il conduisait sur l'autoroute de Squamish, papa dit : « Alors, combien on avait, aujourd'hui ? » Walter lui tendit un bordereau de dépôt. Il avait déposé l'argent de papa sous son propre nom. Il nous fallut faire demi-tour et retourner à la banque, où papa traîna Walter jusqu'au bureau du directeur où ils s'expliquèrent. L'argent fut rendu, mais Walter devint déprimé à l'idée d'avoir fait une telle erreur avec l'argent de Papa et tenta de sauter sur l'échangeur d'autoroutes. Papa devait étendre son bras par-dessus moi et le saisir par le chandail dès qu'il voyait sa main tremblante se rapprocher de la poignée de la portière. Nous l'amenâmes directement à l'hôpital. Après un mois de « réaccordage », il nous revint comme neuf.

Un autre employé, Victor, était plus beau encore que Steve Reeves, le séduisant culturiste qui devint fameux en jouant dans des péplums italiens, notamment dans le rôle d'Hercule. J'adorais Victor, qui était gentil, beau et fort. Nous partîmes pour un voyage de trois jours avec les frères de papa et leurs employés pour Youbou et Cowichan, sur l'île de Vancouver. Victor et moi restâmes dans la voiture pendant toute la nuit, alors que les autres étaient partis vendre la cargaison. L'automobile était tout près de la cabane d'un chasseur de primes. Trois couguars morts pendaient à la gouttière de son porche. Il y avait une arrogance malsaine dans la façon dont il avait disposé de ces magnifiques animaux, lisses même dans la mort.

Victor et moi avions pour instruction de cuire du poulet pour le dîner, mais Victor découvrit un livre érotique et me laissa faire la cuisine pendant qu'il lisait sur le capot de la voiture face au lac. Je parvins à faire cuire parfaitement six morceaux, badigeonnés uniformément et cuits jusqu'à être d'un brun doré. J'étais fier de moi jusqu'à ce que les hommes affamés reviennent et commencent à réclamer leur dîner. Les hommes allumèrent le four et cuirent une demi-douzaine de poulets entiers en à peu près quinze minutes, brûlant la peau tout en laissant la viande dégoulinante de sang. Ils s'installèrent à la table tachée d'encre, grognant et claquant des dents, le charbon de bois leur collant aux joues et le sang leur coulant dans le cou. Je pris les bons morceaux que j'avais cuits pour Victor et moi, et nous nous sentîmes comme des comploteurs en les mangeant. Je voulais être comme lui, noble et serein, même s'il accusait une cruelle faiblesse.

Il était accro à l'héroïne, et il en mourut jeune. Des années plus tard, papa me raconta qu'il était allé le visiter dans une maison en mauvais état, qu'il n'avait plus de veines visibles et avait le ventre boursouflé. Il supplia papa de l'abattre puisqu'il ne pouvait plus trouver de veines saines. Papa refusa. Il était vraiment contre la drogue. Malgré le fait que l'autodestruction de Victor par l'héroïne soit restée dans ma mémoire depuis mon enfance, cela ne m'empêcha pas de faire mes propres expériences avec des hallucinogènes.

Papa était capable de se sortir de n'importe quelle situation délicate. Il se mit les pieds dans le plat à plusieurs reprises, comme le matin où une femme furieuse nous courut après dans la rue, tenant un couteau et une pomme de terre coupée en deux. Elle était creuse. Ces patates-là venaient d'une mauvaise récolte due à une déficience en phosphate ou à un soudain excès de pluie sur un terrain asséché. Nous essayions toujours de vendre les meilleurs plants. Vous ne pouvez pas revenir quelque part après avoir vendu des plants avariés aux gens. Ils s'en souviennent. Et le prix n'en valait pas la chandelle. Cependant, si un fermier réussissait à faire passer en catimini un mauvais sac, nous n'avions d'autre choix que de le vendre dans une ville où nous savions ne jamais retourner. Cela nous mettait toujours mal à l'aise. C'était pourquoi nous mangions des pommes de terre tous les jours, à mon grand désespoir, pour pouvoir garder un œil sur la marchandise. Si l'un des fermiers nous roulait, nous ne revenions jamais à sa ferme.

Papa ne perdit pas son sang-froid lorsque la dame avec le long couteau et la patate creuse le confronta. Dans ce temps-là, tout le monde faisait bouillir ou cuire ses pousses. Pas étonnant que j'aie haï les pommes de terre. Il regarda la femme et lui dit calmement : « Madame, c'est une nouvelle sorte de patates. Le trou au milieu sert à mettre votre beurre lorsque vous les faites cuire. » La cliente goba sa réponse, et Sid et moi nous pliâmes en deux de rire dans le camion.

Un jour, alors qu'il retournait dans une maison avec la monnaie pour un billet de vingt qu'une femme venait de lui donner pour la livraison d'une caisse de pommes, la dame franchit la porte et se mit à courir, terrifiée, fuyant dans la rue. En se retournant, il vit un homme avec un fusil, debout derrière la porte. Papa nous expliqua ensuite que les yeux de l'homme étaient étranges et qu'il riait nerveusement, produisant un drôle de son, une sorte de *tihihihi* à travers ses dents serrées. Effrayé, Papa fixa les pommes et dit : « Je crois que je vais reprendre ceci. » Puis il se pencha pour ramasser la boîte, tout juste à l'intérieur de la porte. Il marcha vers le camion, dos à l'homme au fusil, s'attendant à être abattu à tout moment. Pendant des années, nous le taquinâmes en lui disant qu'il était le seul homme au monde à avoir failli mourir pour une caisse de pommes.

Il était fort et nous surprenait régulièrement par ses exploits physiques – comme de nous transporter, mes patates et moi, en même temps que son propre chargement. J'étais cette frêle et androgyne créature qu'il avait élevée, pesant moins d'une centaine de livres mais capable de porter un sac de plants de près de cent livres sur cinq volées de marches, jusqu'à la remise d'un magasin chinois. Je m'écroulai près du quatrième étage. Il m'attrapa par la ceinture et m'amena au dernier étage, alors qu'il tenait déjà en équilibre sur ses épaules deux sacs, vacillant quelque peu, un pas pénible à la fois, comme un haltérophile tentant un dernier levé. Le tout avoisinait les quatre cents livres propulsées par une seule jambe, un effort magnifique qu'il ne reconnut jamais comme tel. Je crois qu'il craignait que sa force fasse ressortir ma faiblesse, laquelle devenait de plus en plus évidente à mesure que j'approchais de l'âge où la plupart des garçons atteignent leur puberté.

Mais son voyage de vente le plus incroyable fut celui qu'il fit sur l'île de Texada avec Sid. À l'époque, le ferry de Texada était un vieux navire de pêche reconverti. On embarquait à l'aide d'une rampe posée à même la plage. Les insulaires étaient intéressés par nos patates peu coûteuses, et elles s'envolèrent donc très vite. Cependant, papa et Sid avaient remarqué tous les morceaux de métal, les piles et les ordures qui jonchaient le sol. Puisqu'ils étaient en train de vendre leur marchandise si rapidement, ils commencèrent à acheter les détritus à bas prix – en effet, ce n'était pas pratique pour les habitants de l'île d'aller les porter sur le continent.

Ils venaient juste d'acheter un moteur d'automobile et étaient sur le point de le charger dans le camion lorsqu'un bruit de voiture retentit sur la route. Quatre gros hommes en sortirent, claquant les portières, se pavanant et jouant aux durs, l'un d'eux tenant une pousse pourrie. La femme de l'un d'entre eux avait eu la malchance d'acheter un sac avarié. Plutôt que de demander un remboursement, ils préféraient faire du grabuge. Papa et Sid n'étaient pas du genre à se laisser intimider. Ils ignorèrent les quatre hommes, prirent le moteur, ce qui normalement requiert un bloc et un levier, et le posèrent à l'arrière du camion. Les étrangers, impressionnés par cette extraordinaire démonstration de force, retournèrent lentement à leur voiture et rentrèrent chez eux, sans mot dire.

De retour dans le ferry, papa se vit demander par le capitaine quel poids il y avait dans le camion. Papa, qui jouait toujours serré, répondit : « Pas beaucoup, peut-être une demi-tonne. » Ils transportaient

probablement cinq tonnes. Le camion
était affaissé sur ses jantes. Lorsqu'ils
embarquèrent sur le navire, celui-ci s'inclina,
le niveau de l'eau salée ayant atteint le pont.
Le capitaine hurla qu'ils allaient couler
son ferry. Le bateau s'enfonçait tellement
qu'ils ne pouvaient plus faire descendre le
camion. Leur seule option fut de prendre
la mer dans cet équilibre précaire, en allant
parallèlement aux vagues pour éviter que
le bateau ne sombre. Ils parvinrent ainsi
jusqu'à Powell River Dock, où les attendait un
camion de remorquage, appelé à la rescousse
par le capitaine. La police aussi s'y trouvait,
qui escorta papa et Sid jusqu'au terminal
de ferry de Vancouver, leur enjoignant de
ne jamais revenir. Quelques jours plus tard,
un ami de la famille nous envoya le journal
local, dont la page couverture disait : « Des
marchands ambulants envahissent l'île de
Texada. »

Mon père était vraiment très bon dans
la culture illégale, et fut rarement arrêté.
Mais lorsque cela arrivait, ça pouvait devenir
amusant. Le pire incident eut lieu lorsqu'un
inspecteur sorti de nulle part emboutit
le camion de papa, arrêté près d'une
intersection. Surpris, mon père réagit
instinctivement, le frappant si durement
qu'il lui brisa la mâchoire. La police l'envoya
en prison, où il passa la nuit, remâchant un

légitime sentiment d'injustice face à cet illégal (les inspecteurs n'avaient pas le pouvoir d'arrêter les gens et avaient besoin d'un officier de police pour cela) et dangereux acte de l'inspecteur, jusqu'à ce qu'il soit finalement amené devant un juge. Après qu'il eut expliqué le mauvais comportement de l'inspecteur, papa fut relâché, payé pour une journée de travail illégal perdue. Le juge ordonna en outre à l'inspecteur de s'excuser, dès que sa mâchoire serait guérie, pour avoir presque causé un accident.

C'est ainsi que j'appris à apprécier la loi qui édicte une grande discipline, parfois hilarante, parfois terrifiante. En outre, le juge devait avoir craint une poursuite privée contre l'inspecteur et en avait subtilement dissuadé mon père.

Plusieurs années plus tard, ce même inspecteur apparut à nouveau de nulle part et tenta de confisquer un sac de pommes de terre. Pour une raison quelconque, papa perdit son sang-froid. « Tiens, tu veux l'avoir ? Eh ben, tiens ! » dit-il, lui jetant à la figure un sac d'une centaine de livres. Il fut arrêté et reçut une amende. Après cela, il ne perdit plus jamais son calme en présence d'un inspecteur.

Une autre fois, un policier nous prit la main dans le sac. C'était un gros homme moqueur. Il regarda à l'arrière du camion et dit : « Et alors, qu'est-ce que vous avez là ? » Malgré le fait que papa eût tendance à commettre des larcins, il était aussi un homme d'honneur et savait lorsqu'il était cuit. Il reconnut donc qu'il avait des pommes de terre, sans rien ajouter. Nous pouvions craindre non seulement l'amende pour culture illicite mais aussi pour l'absence de permis pour à peu près tout ce que vous pouvez imaginer. L'officier suffisant se retourna et ouvrit la portière de sa voiture. Papa prit un sac de patates et le lança à l'intérieur. Puis il en lança un second. Aucun des deux hommes ne dit mot. Le policier ferma alors sa portière et repartit.

Habituellement, la police ne voulait pas s'occuper de nous – ils avaient mieux à faire. Cependant, depuis que la loi avait déclaré que les inspecteurs n'avaient pas le droit d'effectuer des arrestations, même si nous étions pris en état d'infraction, ce qui était toujours notre cas, la police se trouvait mêlée malgré elle à ces problèmes.

Sa plus légendaire dispute avec les autorités commença avec un inspecteur qui essayait toujours de le coincer en tête-à-tête. J'avais à cette époque quatorze ans, et je tentais de rester en équilibre à l'arrière de sa camionnette qui, pour ne pas payer de mine, possédait un vaillant moteur. Papa avait l'habitude de changer de camion

comme d'autres changent de chemise.
Certains n'étaient que des tas de rouille, mais
ils avaient tous de puissants moteurs. Nous
nous trouvions sur l'autoroute pour Langley,
avec un plein chargement de plants. Je jetai
un coup d'œil dans mon rétroviseur et vit
la terrible voiture blanche. « Nous sommes
suivis. »

Papa se retourna et décida de la semer.
Nous parvînmes bientôt dans un petit
chemin de campagne étroit et terreux – déga-
geant un épais nuage de poussière derrière
nous, roulant à cent soixante kilomètres à
l'heure. La voiture blanche parvint à notre
hauteur, nous poussant à dessein hors de la
route.

C'était totalement illégal et bien plus
dangereux que notre propre conduite, et
cela choqua donc papa. « Prends le volant »,
dit-il alors qu'il ouvrait sa porte. Je regardais
droit devant, terrifié. Mes doigts serraient
le volant, les jointures blanchies, gardant
le camion en ligne droite, mon pied sur
l'accélérateur. Papa, sa jambe de bois se
balançant entre les deux voitures, sa main
droite cramponnée à la porte, s'agenouilla et
parvint jusqu'au capot de la voiture blanche,
juste en face du conducteur, alors que les
deux véhicules continuaient de rouler à
vive allure sur la route bosselée. Il secoua son
poing dans les airs, comme s'il réchauffait

son biceps, faisant s'agrandir les yeux de l'inspecteur. C'était si mélodramatique que c'en devenait magnifique. L'inspecteur terrifié freina et se mit à tourner, et nous nous en sortîmes.

Nous nous dirigeâmes alors vers la ferme de mon oncle où papa descendit devant la porte et me dit de garer le camion dans la grange de George. Une fois qu'elle fut à l'abri, je courus vers la route de terre juste à temps pour voir arriver une voiture de police et l'inspecteur. Papa, qui avait appris il y a longtemps que la meilleure défense était l'attaque, se mit à crier, dès que l'officier de la GRC fut descendu : « Officier, arrêtez cet homme ! Il a tenté de me pousser en dehors de la route ! » Le policier se retourna vers l'inspecteur et lui demanda : « Avez-vous vraiment fait ça ? »

L'inspecteur l'admit, bafouillant que nous avions un camion plein de patates illégales. Le ridicule de la situation de ce petit fonctionnaire tentant de nous envoyer hors piste pour un chargement de pommes de terre illégales irrita à tel point le policier qu'il se mit à le réprimander vertement.

Au bout d'un moment, ayant fini de se disputer, ils se tournèrent vers mon père. Puisque celui-ci avait déjà refusé à l'inspecteur la permission d'entrer dans une propriété privée sans mandat, le policier lui demanda : «Est-ce que moi, je pourrais entrer, alors?» À l'aide de sa jambe de bois, papa traça une ligne pour indiquer le début de la ferme. «J'ai bien peur que non, officier, ceci est une propriété privée!»

Après une longue argumentation, il devint évident qu'ils ne pourraient pas entrer voir si ces pommes de terre étaient illégales, et l'officier ainsi que l'inspecteur durent à regret retourner à leurs affaires et s'en allèrent, chacun dans une direction différente. Nous allâmes alors dans la grange, transportâmes nos plants dans le camion de George et partîmes. Après quelques minutes, notre camion vide fut encerclé par des voitures de police et le suffisant inspecteur, qui perdit sa superbe lorsqu'il eut réalisé que le camion était vide et que papa l'eut menacé de poursuites. L'oncle George était en train de vendre nos patates, très loin de là.

Papa et ses frères s'étaient, au fil des ans, divisé les territoires de la côte sud-ouest. Nous vendions dans certains districts de Vancouver et dans les réserves indiennes, ainsi que dans le camp doukhobor près de la prison Agassiz. De nombreux doukhobors résidaient dans cette prison depuis la révolte des Fils de la liberté dans les Kootenay, qui vit de jeunes hommes bloquer les ponts et brûler les maisons de ceux qui, croyaient-ils, avaient perdu la foi. Les femmes se tenaient souvent nues en face de bâtiments en flammes pour exprimer leur mépris envers les pièges matériels de notre société moderne. Après les emprisonnements massifs et la saisie des enfants des doukhobors (parqués derrière des haies de barbelés pour être « éduqués »), beaucoup des femmes et des hommes âgés, sous la direction du Big Fanny, marchèrent jusqu'à la prison près de laquelle ils érigèrent un petit village de huttes.

Même si leur installation près du lieu où leurs êtres chers avaient été emprisonnés ne dura pas longtemps, j'étais fasciné. Je ressentis une sympathie immédiate pour les doukhobors. Ils pouvaient bien avoir été les tristement célèbres Fils de la liberté, ils n'en restaient pas moins un peuple merveilleux. Le camp rassemblait des taudis cubiques et ridicules, construits à partir de morceaux de fer-blanc recyclés, affiches, pancartes et fenêtres usagées. Le lieu était parfaitement propre. Une femme plantureuse se rendit immédiatement compte de mon intérêt. Ils me prirent avec eux, m'emmenèrent dans leurs maisons, me nourrirent de miches de pain et de différentes sortes de délicieux raviolis faits sur place, ainsi que de crème et de soupe de morue sauvage, pendant que papa traînait alentour, se demandant ce qui pouvait encore m'être arrivé. J'avais la manie de disparaître.

Mon histoire d'amour avec les cultures amérindiennes date de cette époque. Papa aimait vendre dans leurs villages et nous devînmes vite amis avec les anciens des réserves salish les plus proches, ainsi que de quelques autres communautés plus distantes. Pour parvenir jusqu'à l'une des réserves près d'Agassiz, la route suivait une petite rivière sinueuse qui, en automne, débordait presque d'énormes saumons du Pacifique à chair rouge, que les salish n'hésitaient pas à jeter par-dessus bord dans le but de remonter plus vite la rivière. Des masses d'aigles s'agitaient dans les arbres. D'autres descendaient jusqu'aux berges de la rivière, arrachant des lambeaux de chair aux saumons agonisant à la surface. C'était un kaléidoscope de couleurs et de mort. Il y avait des morceaux de saumon sur la route et sur les collines. Les aigles étaient impériaux et meurtriers. Les saumons se tortillaient dans la boue et le gravier, mélange d'œufs, de sperme et de chair en putréfaction.

Le village de la nation salish que nous visitions avait vécu de la montaison des saumons depuis des siècles, mais, à l'exception de celle des saumons du Pacifique, les grandes montaisons diminuaient chaque année. Beaucoup trop de personnes bénéficiaient à l'époque de l'aide sociale. Elles achetaient nos plants « sur le bras », nous payant plus tard, lorsqu'elles touchaient leur chèque mensuel. Papa donnait trop généreusement ses patates. Il ne pouvait pas supporter l'idée que quelqu'un puisse avoir faim. Au bout du compte, il savait se faire payer son dû, ne serait-ce que partiellement.

Lorsque je travaillais avec papa, j'étais déjà considéré, dans les maisons amérindiennes où m'emmenait mon père, comme une étrange créature blessée. Je faisais l'objet de leurs blagues à l'humour complexe, bien différent de celui, toujours teinté de violence, de mes ancêtres anglais, lui aussi bien différent de celui de mes oncles italiens, experts en blagues directes et efficaces.

Papa, lui, affectionnait les railleries douteuses, imitations équivoques des caractéristiques propres aux différentes communautés culturelles, Amérindiens, Chinois ou Irlandais. Parfois, avec l'un des villageois ami, il avait des discussions incroyables, simulant un amérindien, qui n'étaient qu'un assemblage de jargon chinook, de non-sens et d'anglais à l'accent étrange. Je n'ai jamais pu décider qui se moquait de qui. Nous allions sans problèmes vers les autres cultures parce que mon père aimait les marchands honnêtes et les grandes gueules, et on pouvait facilement les trouver dans les villages amérindiens et sur les fermes agitées des immigrants.

Mon enfance se passa aux côtés de grands fermiers bien élevés et travailleurs comme Mahl I (prononcé comme *aïe*) et Chew Him. Après que le vieux Chew Him se fut retiré, laissant ses fermes à ses fils, je l'espionnais parfois, à travers la fenêtre enfumée du cabanon, derrière sa maison. Il avait l'air d'un ascète mystique, fumant sa pipe à rêves en méditant. Il émanait de lui une sorte de grâce divine que l'on pouvait quasiment voir flotter autour des meubles de la petite cabane.

Quelques fermiers japonais étaient revenus après l'installation de la diaspora pendant la Seconde Guerre mondiale qui avait vu leurs maisons, leurs bateaux et leurs véhicules être saisis et vendus. Papa les aimait parce que c'étaient des hommes bien, mais il n'oublia jamais les attaques dont il avait souffert de la part de gangs de rue japonais pendant les années 1930 et les années de guerre. Ils le tourmentaient souvent en lui racontant comment ils avaient « pris possession » de divers endroits. Ils s'acharnaient particulièrement sur mon père parce que son meilleur ami était Japonais – et que ces deux-là avaient fini par détester les bandes japonaises autant qu'anglaises du fait de leur amitié. Ils eurent plusieurs grosses frayeurs dans les rues. Finalement, le père du garçon apprit leur amitié et battit son fils sans merci, le menaçant de le déshériter s'il le reprenait à traîner une fois avec ce Blanc. Ils continuèrent à se rencontrer, en secret. Leur amitié cependant se fana. Pendant la guerre, le jeune homme et sa famille furent arrêtés, leurs possessions saisies, tandis qu'on les envoyait dans des camps à l'intérieur du pays. Ce fut la dernière fois que papa vit son ami.

Malgré cette histoire, mon père se mit graduellement à travailler avec les quelques fermiers japonais qui étaient revenus après avoir été si cruellement traités par leur propre gouvernement. Ils occupaient des terres vierges dans le coin de Richmond, près de Steveston, où ils pêchaient aussi le saumon. Malheureusement, le charmant village de pêcheurs de Steveston et les fermes environnantes connurent l'installation d'une seconde diaspora. Les terres riches de Richmond – ces terres douces, au sol noir, peut-être les meilleurs terres arables au Canada – avaient été saisies par des spéculateurs immobiliers qui y construisirent appartements et bungalows, un véritable crime contre la nature qui me rendit définitivement soupçonneux à l'égard des politiciens et des promoteurs. Pour le moment, je peux encore profiter de cette terre riche, enfoncer mon bras jusqu'au coude dans cette masse noire et molle, agrippant les racines et arrachant des choux gros comme des ballons de plage.

## II

Peu après que papa eut obtenu sa première jambe de bois, il rencontra ma mère. À l'époque, la limite entre les quartiers italien et *cockney* coïncidait avec la rue dans laquelle ils vivaient, les Italiens d'un côté, les *cockneys* de l'autre. Comme papa, maman, malgré ses allures calmes, était une habituée de la rébellion. Notre famille adorait raconter l'histoire d'une balade en voiture dominicale à Comox où, soudainement, des gyrophares de police étaient apparus dans le rétroviseur. Papa avait en effet un clignotant arrière défectueux. Comme nous étions tout près de la maison, la réaction immédiate de maman fut de hurler : « Échappe-leur ! » Mais papa, même s'il excellait à éviter le bureau de commerce, n'allait pas prendre de risques avec la police pour un clignotant brisé. Il ne fit que garer la voiture sur le côté en rigolant.

Mon arrière-grand-père maternel était un prêtre défroqué du village de Pietragalla,

« coq de pierre », en Basilicate, dans le sud de l'Italie. Il était père de treize enfants. L'un de ses fils, mon grand-père, émigra au Canada dans les années 1920, suivi par ma grand-mère puis, graduellement, par plusieurs nièces et neveux, ce qui créa finalement une petite communauté d'expatriés. Grand-père était vendeur de cartes, épicier, marchand de vin ambulant, propriétaire d'hôtel, en plus d'être un horticulteur épique. Plein d'espoir, il arriva en Amérique par bateau longeant la statue de la Liberté. En débarquant à Ellis Island, il signa des papiers d'immigration certifiant qu'il n'était pas un anarchiste, qu'il ne souhaitait pas renverser par la violence le gouvernement américain, qu'il n'était ni malade ni infirme. C'était tout ce que l'on requérait à l'époque. Il devait en outre citer le nom d'un parent à New York qui, sans doute, pourrait le pourvoir en saucisses, pain et fromage, puis il traversa le continent, atteignant finalement Vancouver, où il vécut pour le reste de ses jours.

Ils formaient au départ une famille fière, travailleuse et pauvre, mais leurs difficultés n'étaient rien en comparaison de la pauvreté qui sévissait à Pietragalla à la même époque. Mes oncles se souviennent encore avoir entendu les derniers loups d'Italie lorsqu'ils étaient jeunes, tandis qu'ils gardaient les moutons dans les collines. Le premier oncle

à avoir émigré laissa sa jeune femme et ses
enfants derrière lui pendant quelques années
jusqu'à ce qu'il ait assez d'argent pour les
loger décemment. Sa mère garda un œil
attentif sur la famille, se plaignant que sa
femme corrompait les enfants parce qu'elle
avait acheté un petit morceau de jambon
pour garnir leur morceau de pain matinal.

Même si les premières années à Vancouver
furent difficiles, mes grands-parents, en
véritables paysans italiens, savaient bien
manger à peu de frais. Avec dix cents, grand-
mère achetait des os à soupe et concoctait des
minestrones avec tous les légumes du jardin,
auxquels elle ajoutait des champignons et
des pissenlits sauvages ramassés dans les
terrains vagues. Il ne reste pas grand-chose
à dire d'elle, car elle mourut relativement
jeune. C'était une petite femme au courage
remarquable, mais le cancer eut raison d'elle
à cinquante et un ans. Elle mourut le jour du
vingt-sixième anniversaire de ma mère. On
l'enterra, selon la coutume italienne, avec le
sac qui contenait ses souliers.

Depuis lors, beaucoup de membres de
ma famille, ainsi que de nombreux voisins
de False Creek, sont morts du cancer. J'ai
longtemps soupçonné que quelque chose
de toxique avait été émis par les usines de
cette crique, et d'ailleurs, avant l'Expo 86, le
gouvernement entreprit de faire transporter

une grande partie du sol contaminé et de le déverser dans l'océan.

Maman gardait un souvenir incroyable de son enfance à Vancouver, quand sa famille et elle mangeaient comme des rois, alors qu'ils n'étaient toujours pas sortis de la misère.

Nos grands-parents possédaient un jardin bien garni, et grand-mère cuisinait n'importe quoi, parvenant même à conserver suffisamment de nourriture pour nourrir les sept membres de leur famille pendant l'hiver. Aux premiers jours, le lait, le pain et le charbon étaient livrés par des wagons tirés par des chevaux, et, après leur passage, grand-père prenait son seau et sa pelle et partait dans le voisinage pour ramasser l'« engrais ». Je crois que sa grande patience fut transmise à maman, qui en eut besoin pour garder papa dans le droit chemin. Dans les dernières années, les glaïeuls de grand-père gagnèrent les premiers prix de l'Exposition du National Pacific. Son plus beau jardin fut un extravagant lopin de banlieue acheté dans ses vieux jours, un jardin que j'ai passé ma vie à chercher. Notre potager sur l'île Salt Spring est de la taille de plusieurs îlots municipaux, mais il reste surpassé dans mon souvenir par les aménagements de grand-père, dont ce dernier s'occupait si méticuleusement. Il mettait des allées entre les plates-bandes, et il fallait absolument les suivre, sans quoi il se fâchait. Il était interdit à tous les pieds de toucher son sol. Plutôt qu'une pelouse, il y avait des chemins de gravier entre ses plates-bandes de glaïeuls primés aux pétales abondantes.

Dès le premier jour, notre famille étendue fut importante pour nous. Ma mère trouvait bon de rappeler à propos de n'importe quel parent, lorsqu'un conflit interne éclatait, que, de toute façon, « il était de la famille », ce qui devait nous inciter à clore la chicane. Cependant, étant Italiens, nous avions un talent certain pour de bonnes petites disputes, à table ou durant une partie de cartes. Je taquine parfois ma compagne, Sharon, en lui disant qu'une bagarre aide à digérer un bon repas. Avec ma famille, en effet, remarques moqueuses et querelles ridicules arrivaient entre les poivrons marinés et le vin. Le repas était rarement réussi sans que quelqu'un se retrouve dans la niche du chien, ce qui était très différent des repas de la famille écossaise de Sharon dans lesquels il semblait que le moins fût le mieux. Ma famille en avait toujours beaucoup trop à dire et je continue d'ailleurs à perpétuer cette tradition.

L'ascension de ma famille vers la respectabilité fut brutalement interrompue par la Seconde Guerre mondiale. Un jour, la police arriva à la porte et emmena grand-père à titre d'étranger ennemi. Beaucoup de personnes croient que seuls les Japonais furent emprisonnés pendant la guerre. L'histoire du racisme et de la xénophobie des Canadiens va beaucoup plus loin que nous ne voulons bien le dire. Cela commença avec les Premières Nations, puis les mauvais traitements s'étendirent aux immigrants irlandais, sikhs et chinois. Lorsque j'étais enfant, l'une des pires insultes était de se faire traiter de DP (*displaced person* : personne déplacée), ce qui s'appliquait aussi bien aux Ukrainiens qu'aux Italiens, et, en vérité, à quiconque n'était pas Anglais.

Cette arrestation terrifia ma famille et eut une forte influence sur moi, même si je n'étais pas né. Cet outrage, autant que les combats de mon père contre les autorités locales à propos de la vente illégale de légumes et de fruits, cimentèrent, dès mon plus jeune âge, ma méfiance à l'égard de l'arbitraire des gouvernements. Grand-père pouvait bien ne pas être un anarchiste, moi j'en suis devenu un, ce qui pourrait expliquer que je me sois plus d'une fois laissé entraîner dans les petites tempêtes de la politique communautaire. Tout au long de ma vie adulte, j'ai cru devoir appliquer la « dîme » sociale, consacrant dix pour cent de mon temps à des activités sociales. Parfois, cela dépassait les dix pour cent.

Le seul péché de mon grand-père consistait en sa nature sociable. Comme beaucoup d'autres Italiens, il aimait profiter d'une bonne fête après une dure journée de travail, et c'était lui qui fournissait le vin à de nombreuses personnes dans la communauté. La police l'emprisonna uniquement parce qu'il était membre d'un club réservé aux hommes italiens. Les actions monstrueuses de la police ne semblent pas beaucoup changer avec le temps. Alors que j'écris ces lignes, je me demande combien d'hommes musulmans languissent dans les prisons américaines ou sont torturés dans des prisons étrangères du fait de décisions caractérielles prises par des idiots d'officiels canadiens ou américains. J'ai souvent cru que notre famille aurait dû poursuivre le gouvernement pour mauvais traitements sur grand-père, mais il leur semblait plus glorieux de subir en stoïques Italiens qui savent que les gouvernements peuvent être arbitraires, cruels et stupides. Ils avaient probablement raison. Les obsessions à propos des injustices du passé et les vies passées à redresser les torts rouvrent les vieilles blessures qui ont besoin d'être laissées tranquilles pour guérir. De nos jours, nous avons tendance à considérer ce genre de grattage de blessures comme la preuve que justice est rendue, concept curieux lorsqu'on considère la nature changeante du monde. Il

n'y a rien de définitif, il n'y a que la mémoire,
et notre façon de vivre avec.

Il ne fallut pas longtemps aux Italiens
pour réussir en Amérique du Nord, mais
ils n'en demeurèrent pas moins fidèles à
leurs racines. La famille reste propriétaire
de la maison grand-maternelle à Pietragalla,
ainsi que de deux terrains qui, à ce qu'on
m'a dit, sont magnifiques mais de peu de
valeur, malgré la nouvelle fièvre économique
en Italie. Il semble ainsi que, tout au long
de ma vie, je me sois efforcé de faire des
choses magnifiques – jardins, poèmes,
céramiques –, tout cela pour peu d'argent.
Ma mère, qui a maintenant 80 ans, est
récemment revenue d'une seconde visite à
Pietragalla en deux ans, visite au cours de
laquelle elle a rencontré les enfants de la
famille demeurée sur place. Elle fut accueillie
avec une grande générosité, se faisant sans
cesse offrir des plats de fromages de chèvre,
d'olives et du vin. Même si le niveau de
vie d'un grand nombre de villageois s'est
amélioré, ils ne sont d'aucune façon riches.
Pourtant, comme la plupart des Italiens, ils
mangent comme des riches.

La maison là-bas reste modeste, construite
en pierre sur une étroite rue en escalier. Elle
est abandonnée depuis des années. Cela ne
peut convenir à la nouvelle génération, car
il n'y a pas d'accès pour un véhicule et pas

d'eau courante. À l'époque, la famille vivait dans les petites pièces au-dessus du cellier où dormait l'âne. Chaque matin, grand-mère devait mener le bourricot de la cave dans la rue puis vers le bas de la rue en escalier pour atteindre la fontaine. Elle amenait aussi le linge sale à la rivière pour le laver. Une heure s'avérait nécessaire pour atteindre leurs champs. Ils emportaient habituellement du vin et du fromage ainsi que du pain et du salami pour le midi, même si l'une des tantes se rappelle qu'elle devait aller, encore enfant, porter un gros pot plein de soupe chaude à son père et à ses frères. Grand-mère ne possédait pas de four à pain. Elle préparait une boule de pain suffisante pour toute une semaine et l'apportait chez le boulanger – chaque famille avait sa journée attitrée pour faire cuire son pain.

Le four fut l'un des premiers plaisirs du Canada pour grand-mère. De petites améliorations peuvent devenir de grands luxes lorsque vous n'avez pas grand-chose. Maman continue de parler avec enthousiasme du pain maison recouvert de beurre et légèrement grillé au four. Parfois, sa mère faisait frire la pâte dans du gras de bœuf et la saupoudrait de sucre et d'une pincée de sel. Cela s'appelait *cose fritte*, choses frites. Le dessert était souvent du *mustachuel* – un rond de pâte bouilli puis cuit, la version italienne du bagel. Grand-mère saupoudrait le tout de sucre pour les enfants, mais grand-père le prenait nature parce qu'il préférait tremper le sien dans du vin.

Grand-mère faisait aussi un autre pain, appelé *fuache*. Je crois que c'est du dialecte local, car je n'ai jamais trouvé le nom dans un dictionnaire italien. La traduction la plus connue est *focaccia*. C'est une pâte à pain écrasée. Pendant la saison des tomates, grand-mère la recouvrait de basilic, d'origan, de tomates tranchées et de sel aillé. S'il n'y avait pas de tomates, elle utilisait uniquement les aromates. Lorsqu'ils avaient plus d'argent, elle étalait dessus du bœuf haché, de la sauce tomate et du fromage Romano – origine probable des pizzas d'aujourd'hui. Je continue à faire la version nature, ou bien le *fuache* aux tomates tranchées. Et il y a habituellement deux sortes de pâtes, l'une avec la sauce tomate, l'autre appelée spaghetti *alla allia*, mélangées avec de l'ail frit puis saupoudrées de fromage Romano.

Pour Noël, il y avait des *crustels* trempés dans du miel dilué ou du sucre glace, et des *biscotti*, ainsi que ces infects producteurs de flatulences, les haricots *lupine*. Ceux-ci sont un croisement entre la fève et le haricot de Lima que l'on fait bouillir lentement avant de les tremper dans l'eau froide (habituellement dans un pot dans la baignoire avec un petit filet d'eau, pour les garder frais) pendant à peu près un mois avant Noël. Puis on vidange les haricots et on les met dans des bols avant d'y ajouter un petit peu de sel. Pour manger un *lupine,* on le tient bien haut et on l'écrase – le faisant gicler dans la bouche tout en en retenant la peau que l'on recrache. De cette façon, on sent moins le sel. Ils provoquent une dangereuse dépendance, surtout pour les hommes, qui semblent apprécier leur effet musical annexe. Mais nous continuons néanmoins à en dévorer des livres entières, pétant en chœur pendant toutes les fêtes de Noël. L'un des acquis de la pauvreté est l'ingéniosité, et il est probable qu'aucune nourriture ne prouve cela aussi clairement que l'outrageusement amer *lupine,* transformé par les fermiers en goûteuses friandises de Noël.

À Pâques, lorsque la météo s'y prêtait, mon oncle Giuseppe achetait une chèvre et la tuait. Il l'écorchait en faisant une fente dans la peau près de la patte, puis soufflait dans l'orifice jusqu'à ce que la peau se détache de la chair. Puis, avec ses fils, il ouvrait le ventre et pelait la bête. L'oncle Giuseppe aimait particulièrement le fromage de lait de chèvre qui avait mûri dans la mamelle d'une brebis. Une fois, il me demanda d'enfermer l'un de mes agneaux pour l'empêcher de boire autre chose que le lait de sa mère, ni grain ni herbe. Je n'ai pas eu le cœur de le faire. Je suis certain que cela aurait produit un excellent résultat, mais nos époques diffèrent. Giuseppe me régalait d'ailleurs souvent avec des descriptions fantastiques de recettes italiennes anciennes, dont plusieurs ne convenaient nullement au palais moderne.

Grand-père chérissait son honneur et se considérait comme un respectable producteur illicite à l'époque des premiers rendez-vous de mes parents. La vente du vin, avec ou sans la permission gouvernementale, était considérée comme un acte sacré, et il était fier de son «jus de raisin»; le vin, profond et sombre, qu'il fabriquait lui-même, était presque mortel, le produit d'une tradition millénaire. En Italie, puisque ce n'était pas tout le monde qui possédait le talent ou le temps pour le faire, chaque village avait son propre fabricant de vin. Ici, au Canada, ces petits fabricants de vin maison étaient considérés comme des criminels. Étant de bons Italiens, ils ignoraient tout simplement les interminables et souvent ridicules lois sur les spiritueux du gouvernement et poursuivaient leurs anciennes pratiques. Grand-père était très bon dans la fabrication du vin et donc un homme populaire dans la communauté. Aussi, durant les années 1920 de même que pendant la décennie suivante, la fabrication illégale était enveloppée d'un romantisme à la Robin des Bois. Certains contrebandiers étaient considérés comme d'héroïques boucaniers, et plus d'une parmi les riches familles canadiennes a amassé sa fortune avec la contrebande.

C'est seulement avec la Seconde Guerre mondiale que la production illégale de vin commença à être mal vue, et la famille, reconnaissant que les temps changeaient, quitta l'industrie. À cette époque-là, grand-père avait économisé suffisamment d'argent pour faire construire un petit hôtel dans une région reculée, à partir duquel il commença une ascension légale vers la classe moyenne.

Au départ, grand-papa fut horrifié par la relation de mes parents et considéra mon père comme un pauvre boiteux, qui en plus était Anglais. Mais ma mère avait hérité de son indépendance d'esprit, et mes parents s'enfuirent donc. Durant un an, la famille de ma mère l'évita, et ses sœurs et son frère durent faire semblant de ne pas la connaître lorsqu'ils la croisaient dans la rue.

Mes parents décidèrent un jour que cela avait assez duré. Un dimanche après-midi, ils s'habillèrent du mieux qu'ils purent et frappèrent à la porte de mes grands-parents. Sa petite sœur fut si terrifiée qu'elle refusa de leur parler et préféra aller chercher sa mère.

Le protocole italien, malgré leur arrivée inopinée, exigeait une invitation à dîner. À la suite d'un repas épique et silencieux, ils se retirèrent au salon pour fumer et boire de la grappa. Tout le monde se détendit à mesure que la chaleur du breuvage faisait fondre l'atmosphère glaciale. À la fin de la soirée, papa était accepté comme un membre de la famille et se lança vite dans le commerce illégal, même si son vin ne fut jamais aussi bon que celui de son beau-père.

Celui-ci, environ un an plus tard, se tourna vers maman à la suite d'un autre magnifique repas dominical et lui dit : « Bien, je crois que, mariée à Len, tu n'auras jamais à travailler. » C'était selon lui le plus grand des compliments à faire à un autre homme. Cela ne se démentit jamais, même durant les durs moments de la guerre et par la suite. Papa avait réussi l'examen, en dépit du fait qu'il fût unijambiste et Anglais. Ainsi la famille était-elle unie et papa devint plus italien que les Italiens.

# III

Après ma naissance, le médecin dit à ma mère : « Vous allez devoir faire quelque chose avec ce garçon. » Au moins avait-il décidé que j'étais un garçon. À l'époque, dans les années 1950, la profession médicale n'avait qu'une petite idée de ce qui n'allait pas avec moi, ce qui me valut des décennies de souffrance. J'étais né androgyne.

Durant la plus grande partie de ma vie adulte, je crus posséder des chromosomes XXY, plutôt que le XY « régulier » des autres mâles, sans compter que même ce petit bout d'information s'est récemment révélé faux. En effet, la responsabilité de mon anomalie revient à un gène erratique et non pas à un chromosome. Je ne crois pas qu'aucun des médecins de l'époque ait vraiment su quelque chose à propos de mon syndrome, si ce n'est que, lorsque j'eus atteint ce qui aurait dû être ma puberté, quelques-uns se mirent à penser que j'étais un hermaphrodite, avec toutes les connotations qui pouvaient s'y rattacher.

C'est ainsi. Je suis atteint du syndrome de Kallman, une aberration rare qui voit l'hypothalamus entraver le fonctionnement de la glande pituitaire (celle qui contrôle la structure hormonale). Les complications que cela entraîne diffèrent d'un cas à un autre. Pour ma part, je n'ai aucune hormone mâle. Lorsqu'on diagnostiqua pour la première fois ce syndrome, on me dit que seul un individu sur quatre millions était comme moi. Récemment, je suis tombé sur un article spécialisé qui précise qu'en réalité une personne sur dix mille naît ainsi. À mon avis, les statistiques varient selon que l'on comptabilise ceux qui ne présentent que de petites déficiences ou bien que l'on considère ceux qui, comme moi, cumulent l'ensemble des symptômes. Je me suis laissé dire qu'avec le développement des tests génétiques, les fœtus atteints de ce syndrome se trouvent aujourd'hui sur la liste de ceux que l'on recommande d'« évacuer » pour raisons thérapeutiques. Cela est sujet à controverse, je le sais, mais je peux comprendre cette recommandation, même si la maladie est désormais mieux connue et certains de ses pires symptômes mieux traités. Il reste que je ne souhaite à personne la souffrance que j'ai endurée, quand bien même, fréquentant ce bon vieux corps depuis plus de cinquante ans, je m'y suis habitué. Les années de puberté furent particulièrement terribles, essentiellement parce que les caractéristiques de mon anomalie vinrent décupler tous les changements de la puberté, qui plus est dans un sens dévié et anormal. Maman, se rappelant consciencieusement ce que le médecin lui avait dit – que j'étais un « cas spécial » –, m'emmena subir des traitements lorsque j'eus quatorze ans environ (les dossiers médicaux de mes premières années ont disparu, comme si quelqu'un les avait « épurés », enlevant tout ce qu'ils pouvaient contenir de politiquement incorrect). Je pensais quant à moi que j'étais un garçon, m'habillant donc en conséquence, même si mon corps s'obstinait à rester imberbe, aisselles incluses. Se développait une carcasse hybride, ni masculine ni féminine, probablement plutôt femelle, car je crois que je n'étais pas incongru dans ce genre-là non plus. Le qualificatif qui conviendrait le mieux à ma condition de l'époque est probablement « du troisième type ». Je n'étais ni de genre masculin ni de genre féminin, mais « du troisième type ».

J'avais certes un pénis (que les médecins appelaient sans délicatesse un micropénis), mais on aurait aussi bien pu le prendre, à condition d'être confus, ainsi que semblaient l'être nombre de spécialistes, pour une excroissance de clitoris. Un médecin me dit à plusieurs reprises qu'il pensait que j'avais probablement des organes femelles «cachés en dessous du reste». Et d'ailleurs les chirurgiens, faisant preuve d'une ignorance spectaculaire même pour l'époque, m'opérèrent, pour voir ce qu'ils pourraient trouver.

On m'ouvrit l'entrecuisse, et curieusement, la cicatrice de six pouces est toujours là, alors que la plupart des autres traces de mon histoire ont disparu. Les chirurgiens trouvèrent en effet des vestiges de testicules qu'ils extirpèrent avant de les attacher par de fins fils noirs qui couraient, à travers la peau et les muscles, du tronc jusqu'à mi-cuisses, de telle façon que chaque mouvement produisait des élancements dans le scrotum, ainsi que dans mes cuisses percées. Je fus confiné à une chaise roulante une semaine durant, devenu le sujet de diverses tortures et autres expérimentations barbares dont le but était de faire de moi un homme. En vain.

La seule bonne chose que je puisse dire à propos de cette période est que j'ai appris à être un excellent conducteur de chaise roulante, à même de relever ma chaise sur les deux roues arrière et de traverser la salle commune ainsi. Je faisais des courses avec les autres enfants, dont la plupart étaient en train de mourir du cancer ou d'autres maladies pires que la mienne.

Les infirmières en devenaient folles, me disputant constamment avant de me renvoyer dans ma chambre. C'était aussi extrêmement douloureux si je tombais de ma chaise, et parfois même sanglant.

J'étais toujours imberbe à quinze ans, et certains spécialistes commencèrent à se demander avec plus d'insistance si j'étais un garçon ou une fille, même s'ils n'avaient pas trouvé d'organes féminins. L'opinion générale était que j'étais un homme, ce qui était correct, même si mon corps se transformait vers une forme plus féminine. J'errai, asexué, dans les mystérieux dédales de mon adolescence, rêvant de devenir un être humain véritable, ou tout au moins un être d'un genre défini. Les médecins finirent par m'administrer mes premières doses de testostérone, lesquelles produisirent quelques poils, orangés et clairsemés, sous les bras. Mais leur intérêt pour mon cas se dissipa bien vite.

Je souffrais d'intenses maux de tête. J'avais l'impression que mon crâne allait tomber. J'étais continuellement épuisé et faible, alors que mon petit corps mutait, que mes bras aux longs os, mes cuisses et mes larges hanches grandissaient, ce qui aurait dû conduire à une identification plus rapide du syndrome. Ma peau était douce, magnifique, presque inhumaine ; mais c'était un linceul que je portais par-dessus des os me faisant souffrir comme de la glace contre une dent et qui craquait aux articulations. Pendant ces années, j'ai développé la maladie «des os de verre», ou ostéoporose, qui fragilisa ma colonne vertébrale et mes articulations. Je grandis donc en intégrant la souffrance, considérant que c'était quelque chose de normal. J'appris à la garder en moi, à la ravaler, à la transformer avec fierté, comme dans cette chanson des années 1960 qui dit que plus la douleur est grande, plus le rire est bruyant.

Le syndrome de Kallman cause aussi des sautes d'humeur. J'ai souvent pleuré durant mes cinquante années de vie, et j'ai souvent fracassé les murs de mes poings ou de ma tête. J'ai souvent, après mon adolescence, utilisé les symboles chinois du dragon ou du cerf comme emblèmes personnels. Je m'identifiais à ces deux animaux, parfois en même temps. Ces sautes d'humeur peuvent être terrifiantes, mais j'appris dès le début à les retourner contre moi-même, en me blessant ou en brisant des objets que j'aimais. Même si mon seuil de résistance à la douleur a toujours été très élevé, la douleur ressentie m'amenait à me calmer très rapidement. Ces sautes d'humeur débutèrent en bas âge, me faisant basculer en un instant de l'exaltation à la mélancolie. Pendant une minute, je pouvais être hyperactif et la minute suivante dans un état quasi comateux. Cela s'avéra même dangereux. Enfant, il m'arrivait de grimper sur la cuisinière sans que ma mère me vît, puis de tomber sur la plaque rougie. Ces accidents m'ont laissé de nombreuses marques circulaires sur le ventre, cicatrices ressemblant à des cibles carbonisées apposées sur mon enfance.

Devenu jeune adulte, lorsque ma maladie fut enfin correctement diagnostiquée, je fus régulièrement traité avec de fortes doses de testostérone, que je dois d'ailleurs prendre pour le restant de ma vie. Pendant les premières années de traitement, les injections augmentèrent mes troubles émotifs, et ceux-ci peuvent encore aujourd'hui me surprendre, même si je sais mieux reconnaître, et par conséquent maîtriser, les signes avant-coureurs, tout de même moins fréquents avec l'âge. Ces poussées hormonales sont bien documentées de nos jours, du fait surtout du grand nombre de culturistes qui usent de stéroïdes illégaux. Les salles d'entraînement sont remplies d'histoires de ces imprévisibles rages provoquées par les stéroïdes. Avec les années, mes propres « rages » dues aux stéroïdes ont diminué, ce qui me soulage considérablement, mais, avant que le diagnostic ne soit posé correctement, je ne savais absolument pas ce qui m'arrivait

et j'en étais vraiment troublé. Étant donné
que je ne prenais pas de testostérone dans
l'enfance, il est évident que ces sautes
d'humeur, qui se sont multipliées lorsque
j'ai commencé à recevoir des injections, ne
peuvent être causées uniquement par les
hormones. Mon comportement dérangeait
aussi les gens autour de moi. Un enseignant
frappa mes mains avec une ceinture de cuir
à trente-six reprises durant ma sixième année
parce que je me mettais à pleurer comme une
Madeleine en classe. Cet enseignant, qui était
aussi le directeur de l'école, ancien joueur
de football américain de la vieille école,
borné et stupide, décida qu'il allait faire un
homme de moi et user de tous les moyens
pour faire cesser mes pleurnicheries. Il ne
pouvait pas comprendre que le simple fait
de regarder l'intangible beauté du monde à
travers la fenêtre de la salle de classe suffisait
à me transformer en fontaine, ce que je ne
parvenais pas à lui expliquer.

Puisque ses coups de ceinture n'étaient
pas parvenus à stopper mes crises de larmes,
il décida de m'envoyer dans une école pour
ceux qu'on appelait à l'époque des «retardés».
Des médecins me soumirent à une batterie de
tests cognitifs puis, une fois confrontés aux
résultats, ils rangèrent consciencieusement
leur matériel, me fixèrent pendant quelques
instants et tournèrent les talons.

Ce ne fut qu'une décennie plus tard que j'appris que l'un des effets connexes du syndrome de Kallman est de provoquer soit un retard mental, soit, au contraire, un esprit particulièrement précoce (ce qui ne veut pas dire plus intelligent qu'un autre). Durant l'été, un autre enseignant, plus sympathique, me dit que mes résultats avaient complètement médusé ces idiots bornés avec leurs tests. En effet, si on se référait aux tests, je devrais avoir reçu plusieurs diplômes universitaires. Le directeur, un homme à l'esprit obtus, continua à me battre pour mes pleurs, surtout après la fois où j'avais précipitamment retiré mes doigts et que la ceinture de cuir avait atterri sur sa cuisse. De rage, il me brisa presque la main ce jour-là, mais il n'en demeurait pas moins que la balance du pouvoir avait basculé en ma faveur. Je me rendis compte qu'il pouvait me battre, mais non pas me faire changer. Je tenais un compte précis des coups reçus, comme on marque la crosse d'une arme d'entailles pour se remémorer le nombre de victimes. Je continuai à pleurer en classe, selon lui sans raison, mais jamais lorsqu'il me frappait. Cela le rendait complètement fou.

Je devins alors plus sauvage. Je commençais à faire des fugues. Une fois, mon père me donna 1,35 dollar pour acheter de l'essence et couper le gazon. Je jetai le bidon d'essence dans un fossé et, ne portant qu'un manteau léger, me mis à faire du stop vers l'intérieur des terres. La température était clémente et l'herbe poussait à Vancouver, mais il faisait encore moins trente à Pentincton. Dans une halte en pleine campagne, les propriétaires me nourrirent et me laissèrent vivre dans une cabane. En échange, je coupais du bois et rendais de menus services. Ils semblaient désolés pour moi. J'avais presque quinze ans, mais on aurait pu me prendre pour une adolescente de onze ans, et, en plus, je refusais de dire d'où je venais. Reprenant la route, il me fallut trois jours pour arriver à Pentincton, où un gentil conducteur, ne croyant pas mon histoire confuse à propos de parents à Montréal, se servit d'un subterfuge pour m'emmener chez les policiers, m'empêchant de rejoindre un cirque (ce que je finirai par faire trois ans plus tard). Je passai donc une nuit en prison, sans mes lacets ni ma ceinture, pleurant de façon hystérique, avant que la police me trouve un foyer d'accueil. De là – et on peut voir ici à quel point cette histoire est ancienne –, après qu'ils eurent retrouvé ma famille (sans mon aide car je refusai de leur parler), ils me placèrent simplement dans un bus en disant au chauffeur de ne pas me perdre de vue avant de m'avoir remis à mes parents à Vancouver.

Mon père fut très impressionné par ma disparition et prit l'habitude de rappeler à quel point il était dangereux de m'envoyer chercher de l'essence.

Après cet incident, lors d'une fête de famille animée, mon père était une fois de plus en train de jacter sur ma disparition lorsque l'un de mes oncles, qui avait déjà trop bu, entreprit de croquer tout crus mes poissons tropicaux primés. Il les avala tels quels, encore remuants. C'est à ce moment-là que je décidai, comme la plupart des adolescents, que je ne serais jamais comme ma famille. Dans ma tête, j'étais déjà parti – le long de la route sauvage conduisant hors de l'enfance que j'allais finir par suivre un jour. J'avais l'habitude de m'asseoir près de la table, me sentant supérieur, toisant mon père. Cela devait être terrible pour lui, mais il gardait son sang-froid la plupart du temps. Je ne me suis pas véritablement réconcilié avec lui durant des années, et il me fallut trente ans pour me rendre compte à quel point je lui ressemblais et combien le fait d'avoir hérité de son esprit provocateur m'avait probablement sauvé la vie.

J'ai toujours fait des rêves complexes, excentriques et très colorés. Je me demande souvent si c'est le syndrome de Kallman qui provoque cela. Ils furent particulièrement durs durant la fin de mon enfance et les premières années de mon adolescence. J'avais peur d'aller dormir du fait des cauchemars que cela provoquerait. La combinaison de nuits sans sommeil et du bas niveau d'énergie déjà causé par le syndrome me laissait constamment épuisé. Pas étonnant que j'aie été si pleurnichard. La situation atteignit son paroxysme lors d'une nuit où je subis un cauchemar particulièrement terrifiant, dans lequel un gorille énorme me poursuivait à travers de hautes herbes jaunes. Il était sur le point de m'attraper lorsque j'avisai une barre de fer au sol. Je me jetai par terre comme un samouraï surexcité, envoyant la barre par-dessus ma tête. Elle s'abattit avec un bruit de craquement en retombant sur le crâne du gorille. Ce rêve marqua un tournant important dans ma jeune vie : je venais de découvrir que je pouvais dévier le cours de mes rêves !

Vers l'âge de treize ans, je rencontrai une créature plus étrange encore que les monstres de mes rêves. J'étais seul à la maison. Il faisait nuit. Je sortis de ma chambre et me retrouvai face à un visage qui me scrutait par la fenêtre, un visage décrit par tous les amateurs d'ovnis comme étant celui du roi des *Aliens* : il possédait un gros front et de gros yeux, une peau lisse d'une couleur vert-brun. Le cœur dans la gorge, je m'enfuis de la pièce. Après quelques minutes, j'eus besoin de savoir si je ne l'avais pas imaginé, je retournai bravement dans la pièce. Le visage était toujours là, me fixant, les yeux exorbités, serein, dans un silence effrayant. Je restai figé près de la porte, et il me sembla qu'il se passa une éternité avant que j'ose sortir de la chambre. La chose la plus étrange était que je me trouvais au second étage et qu'il n'y avait rien sur quoi l'*Alien* aurait pu se jucher. Je finis par descendre dans le débarras dont la fenêtre donnait sur celle de ma chambre. Je regardai avec précaution, et, ne voyant rien, je retournai dans ma chambre : envolé, l'*Alien*!

Cet incident permit à mon esprit hyper-névrosé de se convaincre que j'étais un descendant d'extraterrestre abandonné sur Terre par ma «véritable» famille. Mon père et ma mère auraient été extrêmement édifiés par cette conclusion, alors j'ai préféré ne rien leur dire. Durant les dernières décennies, dans des livres, j'ai rencontré d'autres auteurs ayant rencontré un *Alien* similaire dans leur fenêtre. C'est comme un fil rouge dans la vie de divers artistes, de Jack Kerouac à P. K. Page. Je me suis souvent demandé si cette vision est la marque d'un esprit sensible, celle qui correspondrait à ce que Margaret Atwood nomme «le déclic», ce moment où s'opère le changement radical qui transforme un homme ou une femme en artiste.

J'ai consommé ma première dose de LSD à l'âge de quinze ans. Ce jour-là, je vis le grain de sable de Blake qui chevauchait des fusées et volait à l'intérieur de mon chandail à motifs et aux couleurs criardes, pendant que la voix sensuelle de Jim Morrison jaillissait en grésillant de ma radio, alors qu'au même moment, je déambulais sur des plages parsemées de pontons de bois. J'y croisais beaucoup d'autres extraterrestres, mais ceux-là sortaient de cubes de sucre, de mon buvard ou de petits trombones. Je fréquentais tous les endroits à la mode, et m'introduisais furtivement dans les clubs avec mes habits de mauvais goût, parfois même déguisé en femme, ce qui me rendait moins susceptible d'être interrogé sur mon âge, eu égard à la loi sur la vente d'alcool. J'aimais les spectacles lumineux en forme d'amibes et l'excitation des groupes qui croyaient qu'ils allaient changer le monde : Country Joe et les Fish, Big Brother et la Holding Company, avec Janis Joplin et le Retinal Circus. Je vis les Who lorsqu'ils faisaient la première partie des Herman's Hermits et fus hypnotisé par les exploits de Keith Moon à sa batterie. Ce fut la première fois que je vis une foule envahir une scène. Ils la frappèrent en provoquant un craquement atroce. Puis il y eut Arthur Brown en 1968, avec son doctorat en philosophie, se pavanant sur la scène, la tête en feu, se proclamant maître du feu de l'Enfer. Le dernier concert des Doors à Vancouver me confirma dans toutes mes croyances, malgré les critiques déclarant que c'était une de leurs pires performances. Pendant la dernière chanson, Jim Morrison resta sur la scène dans une attitude provocatrice alors qu'il était assailli par des femmes en furie dont plusieurs se débarrassaient de leur blouse. Il s'écroulait sous la pile de corps contorsionnés avant d'en ressortir alors que les policiers les arrachaient de lui et qu'il chantait *The End*. J'étais entièrement d'accord avec lui. En considérant ma situation, mi-homme, mi-femme, complètement étranger, je vivais les années 1960 comme un poisson dans l'eau.

Personne ne m'avait dit que le monde était si vaste. J'étais captivé. Je rencontrai Bouddha, le Christ ainsi que les Hobbits de Tolkien, toutes choses qui à présent me font bien rire ! Je rencontrais surtout quelque chose d'autre, d'essentiel : la conscience que le monde pouvait être vu différemment.

Au fur et à mesure de mes années d'adolescence, mes escapades hors de la maison se firent plus fréquentes. J'étais un jeune chien perdu – fouinant partout, allant là où je ne devais pas aller et faisant de nombreuses expériences avec la drogue. Je

fus abusé sexuellement à plusieurs reprises.
Il me fallut des années pour m'en remettre,
en particulier d'un épisode particulièrement
sordide dont je fus victime dans la forêt près
de mon école. Les troncs d'arbres avaient
toujours exercé une fascination sur moi, à
cause de ce qui jaillit un jour de derrière l'un
d'eux. Mes parents m'avaient dit que c'était
un endroit dangereux, et ils avaient raison. Je
ne leur ai jamais dit quoi que ce soit à propos
de ces événements, principalement parce que
j'allais là où je ne devais pas. À présent, en
regardant en arrière, je me sens désolé pour
mes étranges bourreaux. Ils m'apparaissent
tous pathétiques et tristes. Leur état nécessitait
qu'ils soient soignés et non emprisonnés.

J'étais beau. J'étais étrange. Partout où
j'allais, j'étais attaqué. Et je continuais à aller
partout parce que je me sentais fichu. Les
abus durèrent pendant plus d'une décennie,
commençant lorsque j'avais à peu près
treize ans. Je fus molesté dans les toilettes
d'un cinéma décrépit pendant l'entracte
du film *Bomba*, ainsi qu'à de nombreuses
reprises dans les voitures d'étrangers, parce
que je continuais d'être un auto-stoppeur
compulsif. Une jeune femme à la poitrine
énorme se servit de moi sous un vieux pont,
dans l'un de ces canyons de Vancouver qui
ont depuis été comblés. Je ne m'y opposais
pas, hypnotisé par la sensation tactile de sa

poitrine pneumatique, même si ma peau était si sensible que je détestais être touché. Je m'astreignais ensuite à refouler tous ces épisodes. Je me disais que c'était la vie.

C'est à la même époque que je me mis à lire constamment. Au début, c'étaient de mauvais livres pour enfants ou des histoires d'animaux, *Big Red* ou *Ramène-les vivants*, n'importe quoi, car les livres me permettaient de m'échapper de mon corps et de lui survivre. Malheureusement, si mon père me surprenait à lire, il considérait que je n'avais rien à faire et me donnait une sorte de fourche pour me faire arracher les pissenlits. Je pris cela pour une étrange punition. Pour lui, la lecture était quelque chose que l'on faisait lorsqu'il n'y avait rien à la télévision, et je pense qu'il se sentait inconsciemment menacé par les livres du fait de son manque d'éducation formelle.

Puisque mes parents n'avaient pas peur du travail, ils commencèrent à s'élever dans la classe moyenne, conduits par la judicieuse gestion maternelle. Papa, lui, gagnait de l'argent, mais ne savait pas vraiment comment s'y prendre avec les banquiers. Ils faisaient la paire. Ils achetèrent une maison pour 2 000 dollars, à l'époque où tout le monde pensait qu'acheter une maison était une idée idiote puisque les loyers étaient très bas. Ils durent utiliser des caisses de pommes comme meubles. Ils achetèrent leur première vraie maison dans une banlieue lorsque j'étais adolescent et installèrent bientôt une table de billard dans le sous-sol.

J'en vins vite à adorer le jeu. Je développai un talent et me mis à fréquenter les salles de billard du coin. Dans l'une d'elles, le propriétaire, sympathique, m'asseyait dans une chaise roulante, me prenait sous son aile et me laissait lire à l'arrière du magasin pendant des heures. Puisque mon père, élevé dans le dur East End, considérait une salle de billard comme un endroit normal pour un jeune homme, il n'y voyait pas d'inconvénient.

Tout marchait à la perfection, si ce n'est que cet endroit était aussi le lieu de rencontre des motards. C'est ainsi que je me mis à traîner avec les Hell's Angels.

Ils décidèrent que j'étais un drôle de plaisantin, et je devins leur mascotte officieuse – leur joueur de billard magique, androgyne et lecteur de livres. Ils adoraient quand un nouveau motard arrivait en ville et se pavanait jusqu'à la caisse pour lancer un défi. Ils lui disaient alors qu'il devait jouer contre moi en premier. Cela entraînait quelques fausses objections, jurons et poses prétentieuses, mais ils restaient inflexibles. Finalement, je m'arrachais à ma pile de livres dans la pénombre du fond de la salle, seule ma table de lecture était illuminée par une petite lampe, je glissais jusqu'au billard et lui

« torchais le cul », comme disaient fièrement les Angels. Pour eux, chaque performance était source d'amusement.

Je savais bien qu'ils étaient des criminels, une bande de lâches qui, d'ailleurs, finit bientôt en première page des journaux pour leurs mauvaises actions. Ils ne m'en traitaient pas moins avec tendresse et générosité, sans compter qu'après chaque victoire ils m'offraient des sandwichs chauds.

Je devins vraiment bon au billard et, par la suite, plus vieux et vivant seul, j'allais me mêler à la foule aux Billards Pender, où des joueurs légendaires aux surnoms grandiloquents comme Darell le cowboy (qui m'apprit plus tard l'esthétique du jeu), Eric l'Anglais et le Gros Bill jouaient toute la nuit avec toutes les personnes assez folles pour miser gros contre eux. Ils tondaient régulièrement la foule prétentieuse au Billard Seymour, y compris le jeune Cliff Thorburn. C'était avant que son talent ne grandisse et qu'il gagne le championnat canadien, ce que le Gros Bill devait faire aussi un peu plus tard. Je crois que le flegme anglais constituait la meilleure tactique de jeu. Quelque chose cependant arriva qui l'empêcha de participer au championnat du monde de *snooker*[3], mais

---

3. Variante de billard avec quinze boules rouges et six d'autres couleurs.

je n'en sais pas plus. Un après-midi que je le regardais jouer une partie parfaite de *snooker*, il se trouva acculé dans un coin et forcé de frapper une boule jaune plutôt que noire. Le silence dans l'établissement était palpable. Il préféra quitter la table. Je compris alors que je n'étais peut-être pas assez bon pour mettre une raclée à ces joueurs-là, mais ils m'en apprirent quand même pas mal sur la beauté du talent et du contrôle de soi.

Durant mon adolescence, consommant tout ce que je pouvais boire, avaler ou fumer, je devins carrément sauvage à la maison, me rebellant contre tout. M'étant attaché à papa, je devins son ennemi, à sa grande surprise d'ailleurs puisqu'il était un homme sympathique et se considérait comme tel. L'ambiance devint donc difficile, comme la nuit où je descendis une bouteille de trente-six onces de vodka suite à un pari. Je souffrais d'un sérieux empoisonnement par l'alcool et j'hallucinais lorsque je revins à la maison. Dans la querelle qui s'ensuivit, papa essaya de me dessoûler en me maintenant la tête sous l'eau froide dans le lavabo de la cuisine, alors que mes doigts se refermaient sur la poignée d'un couteau traînant sur le comptoir. « Quoi ! Un couteau maintenant ? » cria-t-il, et il me maintint la tête encore plus durement alors que je me débattais, même si j'avais quand même eu l'intelligence de lâcher le couteau. J'ai toujours une légère enflure sur mon arcade sourcilière là où je me suis cogné pendant cette scène. Cela me fait un souvenir de ces années troubles, et aussi de mon amour pour lui que j'ai finalement laissé se développer après bien des efforts pour l'anéantir.

Il faut dire que j'avais la langue bien acérée. Nos confrontations ressemblaient à des combats de coqs ou, plus exactement, à des disputes d'ours. Je tournais autour de lui en m'énervant de plus en plus, pendant qu'il tournait lentement, appuyé sur sa jambe de bois. Je finissais toujours par m'enfuir et il n'avait alors d'autre recours que me lancer des objets – boîtes à outils, radios, bottes de caoutchouc – tout ce qu'il pouvait pour tenter de me ralentir et de me retenir avant que je ne disparaisse. Des années plus tard, nous eûmes une querelle à propos de quelques lignes que j'avais écrites sur notre relation. « Je ne t'ai jamais battu ! » hurlait-il, ce à quoi je répondis : « Non, pas avec les poings ! » Et il ne l'avait jamais fait en effet, même si un seul de ses revers eût suffi à m'envoyer valdinguer de l'autre côté de la pièce et eût ainsi coupé court à ma fuite. « Bien, disons ça comme ça, alors », me répondit-il, son honneur sauf. Je compris soudainement à quel point son amour-propre avait souffert à l'idée que je l'avais accusé de « battre un

enfant» (alors qu'il tentait de m'inculquer
quelque discipline). En repensant à toutes
nos disputes, je me sens coupable pour la
violence que j'aimais faire jaillir de lui. Je
pense que nous avons tous deux fait de notre
mieux, et c'était probablement le mieux que
nous pouvions espérer durant ces années
dramatiques.

Je finis par en avoir marre de mes
inaptitudes physiques et tentai donc de les
surmonter. Les autres enfants, garçons et
filles, avaient l'habitude de me dire que
je courais, ou lançais au baseball, comme
une fille – grave insulte dans une cour
d'école. J'optai donc pour le courage. Si
je me battais, je ne restais jamais au sol, la
manière «honorable» de mettre fin à un
combat. Je tentais de rester debout jusqu'à
ce que j'en sois physiquement incapable ou
bien que mon adversaire se fatigue de me
boxer. Puis j'essayai la gymnastique. J'étais
maladroit et balourd du fait de mes membres
disproportionnés, mais mon caractère
persévérant me permit de progresser. Je
pouvais faire des sauts périlleux arrière
complets puis revenir debout. Ils étaient sans
élégance, mais j'étais néanmoins capable de
les exécuter, et puisque mes articulations
avaient la souplesse du caoutchouc, je
réussissais des contorsions dignes du yoga. Je
me laissai cependant gagner par l'inquiétude

après un saut périlleux effectué du plongeoir de la piscine municipale. Après m'être élancé à la verticale, je basculai prestement, me cognant au passage la tête sur le plongeoir. Je finis par reprendre connaissance au fond de la piscine. C'était étrangement terrifiant et magnifique de revenir ainsi à soi entouré de liquide bleu clair. Des enfants nageaient et jouaient au-dessus de ma tête. Je revins à la surface, suffocant. Le sauveteur lançait encore des regards affolés alentour, se demandant bien d'où venait le son entendu (le craquement de la planche que ma tête avait heurtée), lorsque je surgis d'un côté de la piscine, la tête encore prise dans un douloureux bourdonnement.

À dix-sept ans, je rencontrai celui qui exercera sur ma vie l'influence la plus forte après celle de ma famille. Il s'agit de mon professeur d'anglais en secondaire V, Cecil Reid, Indien bella bella qui avait obtenu une maîtrise en études classiques, et qui deviendrait plus tard chef de son village. Il était également boxeur amateur, à ce qu'il nous expliqua un lundi matin où il se présenta avec un œil au beurre noir. Il reconnut vite mon potentiel particulier autant que celui d'un autre élève, Mario Blasevich. Mario écrivait des nouvelles ressemblant à des rêves. Pendant quelque temps, nous fûmes des amis proches. Des années plus tard, Mario fut surpris par une tempête alors qu'il tentait d'atteindre le troisième plus haut sommet de la chaîne himalayenne, mais on réussit heureusement à le redescendre, gelé, dans un sac, bien qu'il ait perdu dans l'aventure plusieurs phalanges et orteils.

M. Reid nous apportait de grandes quantités de photocopies parce que les manuels étaient inutiles : la prose érotique de D. H. Lawrence, les poèmes de Wallace Stevens, les pièces d'Arrabel et la première traduction en anglais de l'électrifiant *Mahagonny*, la ville des filets, de Bertolt Brecht : « Montre-moi le chemin vers le bar le plus proche. Si nous n'y allons pas maintenant, nous devons mourir. Nous devons mourir. » Il nous fit connaître les mauvais garçons, les *poètes maudits*, Corbière et Laforgue. Puis, un jour, il s'approcha de mon bureau avec un livre et me dit : « Alors tu penses que tu es un dur, hein ? Lis ça. » C'était du Arthur Rimbaud. Lorsque je lus sa poésie, je compris soudainement qu'il y avait une voix différente. Je volais alors des jantes de voitures, et parfois des voitures entières. Je me promenais joyeusement avec des pétards dans les poches et je commençais à prendre une pente sacrément glissante. Ce livre arriva juste à temps. Je fus donc sauvé par une école secondaire anonyme dans la banlieue de Vancouver profondément ancrée

dans notre triste et superficielle culture. J'ai
toujours la traduction de poèmes choisis de
Rimbaud par Penguin, rafistolée à la main
à plusieurs reprises dans les trente-cinq
dernières années, ainsi que tous les textes
photocopiés pour moi par M. Reid durant
les deux années passées à étudier avec lui.
J'emporte Rimbaud avec moi peu importe
l'endroit où je vais, comme un talisman, un
souvenir de celui que j'ai été et de là où je
souhaite me rendre. Au début, je prenais de
Rimbaud le style de vie autant que la poésie.
Maintenant que j'ai survécu jusque dans ma
cinquantaine, je préfère la poésie.

Il y eut bien sûr quelques occasions
manquées le long de la route.

Je brûlai mon professeur avec ma volonté
d'anéantissement pyrotechnique. Il dut
finalement me jeter hors de sa classe. Comme
le firent sept des huit autres professeurs, à un
moment ou à un autre de ma dernière année
d'école. Seul le toujours calme professeur
d'arts plastiques pouvait me tolérer. Puis je
décidai que je souhaitais aller à l'université.
C'était peu probable étant donné que
j'échouais, ou presque, dans la plupart
des matières et me faisais continuellement
expulser des cours. Je découvris alors qu'il y
avait des moyens légaux de passer les examens
finaux si je les demandais. À mon avis, peut-
être parce que je leur semblais irresponsable,

mes professeurs me notaient trop sévèrement dans leurs matières respectives, du fait de mon passé et de leur certitude que j'allais échouer. Je me rendis compte qu'il pourrait être judicieux de me mettre à lire les manuels de cours. Les examens finaux s'avérèrent simples, ce qui me permit d'obtenir une excellente note en anglais. J'appris que j'avais aussi obtenu la meilleure note en histoire jamais attribuée dans cette école. Mettons que j'avais passé ces examens sous acide, mais la maturité précoce provoquée par mon syndrome avait dû aider au moins autant. Je me souviens que les professeurs sortaient de leur salle de classe pour me dévisager pendant que je marchais dans le couloir. Au final, je ne reçus qu'un diplôme de seconde catégorie, parce que leurs préjugés avaient fait baisser mes notes. Mais c'était largement suffisant pour me faire accepter à l'université, même sans le sou. Sans compter que mes parents, malgré mon comportement idiot, me donnèrent autant d'argent qu'ils le purent, somme que je complétai en travaillant dans un restaurant de hamburgers. C'est ainsi que je pus enfin vivre à mon idée, selon mes choix. J'allais enfin recevoir une éducation adéquate, du moins le pensais-je.

J'entrai dans le monde alchimique de Rimbaud grâce à son poème *Voyelles*. L'alchimie, « le grand œuvre », n'était pas seulement le fait de transformer le plomb en or, mais aussi celui de transformer un tas de boue en homme. Dans ma quête, je ne lisais que des livres très anciens. L'université s'avéra vite inutile, si ce n'est pour quelques professeurs brillants comme Robin Blaser et Jerald Zaslove, ainsi qu'une magnifique professeure d'espagnol et d'études multiculturelles, dont j'ai oublié le nom mais que mes précoces écrits alchimiques et herméneutiques convainquirent qu'elle n'avait pas affaire à un cancre.

Et je ne l'étais pas, en effet.

J'eus aussi ma part de problèmes à l'université, parfois avec mon nouveau compagnon d'aventures, Allan Safarik. Nous ouvrîmes une maison d'édition à la façon impulsive et typique des étudiants fougueux, tout simplement parce que nous n'aimions pas ce qui était publié par les éditeurs réguliers. Nous eûmes de très bons moments ensemble, même si nous finîmes par nous quereller à propos de *Blackfish*, et j'abandonnai.

Un incident, analogue aux problèmes non conventionnels et parfois amusants qui nous arrivaient souvent, advint lorsque, pour Dieu sait quelle raison, Safarik et moi organisâmes une rencontre du parti marxiste-léniniste canadien dans le hall de l'université. La salle était pleine, ce qui

nous surprit. Mais nous étions à la fin des
années 1960 ; les gens étaient donc ouverts
à n'importe quoi, y compris au maoïsme.
Eut lieu la harangue habituelle. Nous
nous ennuyâmes vite et commençâmes
à chercher un moyen de nous éclipser
poliment lorsqu'une voix hurla : « Halte !
Il y a un fasciste parmi nous ! » Cela me fit
presque glousser et, si je me rappelle bien,
Safarik, dans un accès soudain de paranoïa,
pensa tout d'abord qu'il parlait de nous.
À cette époque, on ne pouvait en aucune
façon nous considérer comme des fascistes.
Surtout moi. J'étais un anarchiste zélé et,
entre autres excentricités, je portais une
carte d'affaires déclarant mon appartenance
au T.I.M., les Travailleurs internationaux
du monde (I.W.W.), les « Wobblies » – la
dernière grande organisation romantique et
révolutionnaire de travailleurs en Amérique.
Nous réalisâmes que toutes les têtes s'étaient
tournées vers une personne assise seule
au milieu de l'auditorium. C'était Stanley
Cooperman, poète légendaire, débauché
et décadent. C'était aussi un sioniste, ce qui
n'était pas pour le rendre populaire auprès
de cette foule.

J'avais toujours aimé Stanley. Il était plein
de vie jusqu'à ce que son passé le rattrape
et qu'il se suicide. Il se redressa fièrement,
toisa la foule en colère et dit : « Quoi ? Je

suis simplement venu entendre votre point de vue. Vous devriez être reconnaissants.» Ou quelque chose d'approchant. Cet argument ne passa pas très bien auprès de cette bande de cinglés conditionnés. Avec un grognement, ils se jetèrent sur lui, et Stanley fut projeté dans les airs, les poings battant le vide, comme ils tentaient de le jeter hors de la pièce.

Même si nous n'étions pas partisans des outrageantes doctrines de droite de Stanley, ce traitement allait à l'encontre de notre sens de l'égalité et nous nous jetâmes sur la foule, ce qui entraîna une mêlée générale. Nous étions désespérément inférieurs en nombre et incapables de protéger Stanley. La seule chose que je peux dire est que les maoïstes s'unirent finalement et frappèrent Stanley, le jetant au sol. Grave erreur, car, au même instant, l'équipe de football de l'université retournait en classe après un entraînement. Vous pouvez imaginer la réaction de ces sportifs de droite lorsqu'ils virent l'un de leurs professeurs frappé au sol par une foule en colère qui défilait sous une bannière maoïste. Quelques joueurs agrippèrent Stanley et l'extirpèrent de la poussière pendant que les autres se jetaient sur la bande de frêles et osseux politiciens en herbe. Ce fut une véritable émeute. L'équipe de football régla ses comptes et l'on vit des maoïstes s'enfuir en courant dans tous les sens. Safarik et moi aidâmes Stanley et tentâmes désespérément de ne pas rire de l'étrange conclusion de cette affaire.

Force m'était donc de constater que j'en apprenais davantage dans la cafétéria et à la bibliothèque que dans les classes. Je continuai à consommer de l'acide, et ma colère se déversa rapidement dans les mauvais quartiers. Mon monde à ce moment-là consistait en un savant mélange de drogues, de séances de bibliothèque, d'idées politiques radicales, d'un quotidien assez peu recommandable dans le East Side, de quelques textes alchimiques, sans oublier le désir, un désir à l'état brut, pur, asexué et androgyne. Je me plaçais continuellement dans des situations dangereuses, même si je ne pouvais supporter que ma peau brûlante soit touchée. J'étais un mélange étrange – une portion de femme paranoïaque qui se croyait espionnée, une portion de l'élan et de la vie de mon père et une portion de l'esprit analytique de ma mère.

Les maux de tête et l'état maniaco-dépressif étaient très incommodants. J'adorais les pièces sombres. J'errais subrepticement dans l'université, glissant comme un fantôme à travers la bibliothèque, sans-abri la plupart du temps, parce que je refusais d'habiter chez mes parents et que j'étais généralement sans le sou. J'avais donc toutes mes affaires dans un casier et dormais dans un sac de couchage sur la rotonde de l'université ou dans les rues, sinon chez quiconque acceptait de me prendre avec lui. Je portais des vêtements typiques des années 1960, un poncho aux motifs abstraits et un pantalon à pattes d'éléphant magenta, des chandails paysans roses avec des colifichets sur le devant et au bout des manches.

Je lisais tout et n'importe quoi. Les livres aussi étaient devenus ma drogue – une échappatoire autant qu'un moyen d'introspection. J'appris à aimer le rêve des livres. Si je n'ai fait qu'une chose dans ma vie, c'est de devenir un bon lecteur. Je n'avais personne pour guider mes études, et cela continue. Je lis généralement plusieurs livres en même temps, biographies, histoires naturelles, romans, manuels de physique ou d'astronomie, poésie – tout cela mélangé dans une soupe complexe. C'est un comportement obsessif – un psychiatre du dimanche pourrait désigner cela comme un besoin d'échapper au monde, une sorte de variante du whisky. Moi, je sais que quand je lis, j'entre en discussion avec le monde, pour ainsi tenter de comprendre ce qui palpite sous ma peau. Je lis pour vivre.

# IV

Puis, à vingt ans, durant l'une de mes habituelles et inutiles visites chez un spécialiste, je laissai échapper un commentaire et le médecin tiqua. Je lui avais donné, finalement et sans le savoir, la clé de ma condition. Il parlait de plaisir, d'expériences sensuelles et me demanda comment je réagissais à l'odeur du café le matin. L'esprit est une créature étrange. Aussitôt que j'entendis sa question, je réalisai pour la première fois de ma vie : « Je ne sens rien. » À tout le moins pas de la façon normale qu'ont les gens de sentir, ce qui est probablement la raison pour laquelle il me fallut vingt ans pour m'en rendre compte. On appelle cela l'anosmie.

Il sourit triomphalement et, de la manière typique des médecins de cette époque, ne dit rien. J'avais besoin « de quelques tests ». Emportant ma feuille de papier vers la pièce indiquée, je me retrouvai attaché, avec une machine à rayons X pointée sur ma tête. J'étais fier et borné et ne montrais que peu

d'émotions, mais à l'intérieur j'explosais.
Soudain, tout s'éclaircit : ça se passait dans
ma tête ! Mais bien sûr ! Ils s'attelèrent
donc à vérifier ma glande pituitaire, mon
malheureux troisième œil endommagé.

Le choc fut tel que j'en sanglotai. Le
problème se trouvait dans ma tête ! On
me fit entrer à l'hôpital pour des tests plus
approfondis, et c'est ainsi que l'on réalisa
finalement que je ne produisais pas de
testostérone. En d'autres mots, j'étais un
androgyne presque parfait. Me vint l'idée
que j'étais un *homuncule* – l'homme asexué
des alchimistes selon ce que Lulle et ses
compagnons avaient décrété dans leur
quête du grand œuvre –, un homme en
train de naître à sa vraie nature, avec un
sexe fantomatique, une de ces délicieuses
créatures décrites par l'alchimiste Aureolus
Philippus Theophrastus Bombast von
Hohenheim, mieux connu sous le nom de
Paracelse, un philosophe-médecin aussi
pompeux que ridicule.

Quelques jours après mon admission à
l'hôpital, j'allai prendre un café avec Allan
Safarik au rez-de-chaussée. Il y avait là un
gars de l'équipe de nettoyage – une bande
d'Italiens – assis à une table bondée voisine
de la nôtre, un homme brutal et désagréable,
poilu et aux yeux très bruns, une sorte de
caricature de macho. Il me donna un coup

dans l'épaule en me demandant d'une voix forte : « Toi, es-tu un homme ou une femme ? » Le reste de son équipe éclata de rire bruyamment.

Bien que l'on m'ait déjà posé cette question à de multiples reprises, je perdis cette fois-ci contenance et me mis à courir, hystérique. Safarik, à ce qu'on me dit plus tard, entra dans une rage folle et commença à se servir des chaises de la cafétéria comme de ballons de soccer. Les membres de l'équipe de nettoyage, se rendant compte qu'ils étaient mal barrés, s'enfuirent. Quant à moi, je pleurai en courant partout dans l'hôpital, jusqu'à ce que je trouve ma chambre où j'allai me rouler en boule derrière mon lit. Les infirmières m'administrèrent un sédatif. La nuit fut vraiment très mouvementée au Vancouver General Hospital.

Ma « féminité » avait toujours été un sujet délicat dans ma famille, et difficile pour mon père. Quelques années auparavant, même s'il n'avait jamais parlé de ma condition (seule ma mère avait trouvé la force de le faire), il me demanda s'il pouvait voir. J'enlevai mon pantalon en face de lui et il se laissa tomber dans son fauteuil, me fixant; puis il se détourna sans dire un mot. Ce fut un moment critique. C'était très dur pour lui aussi, et je crois qu'il s'inquiétait de ce que ses gènes puissent être responsables de ma condition, comme s'il avait, d'une certaine façon, échoué dans son rôle de mâle, alors que le syndrome venait en réalité du côté italien de la famille.

Pendant ce temps, les médecins, eux, continuaient à me traiter comme une grenouille à disséquer.

Si je ne devais garder qu'un seul motif de rancune à leur endroit, il se rapporterait à la façon dont cette clique de spécialistes me traita durant ces années, c'est-à-dire avec une arrogance et une cruauté sans discernement. Ils s'amenaient dans ma chambre pour m'observer, me jauger, voir «à quoi je ressemblais», et tout cela sans le moindrement supputer que le fait qu'une bonne douzaine d'étrangers vous tripote quotidiennement les organes génitaux puisse être traumatisant. Il leur arrivait trop souvent d'agir sans égards, notamment lorsqu'ils me faisaient quitter la chambre pour m'emmener «passer un test», ce qui revenait à me placer au centre d'une pièce pleine d'étudiants en médecine qui me bombardaient de questions plus idiotes et embarrassantes les unes que les autres, me demandant, par exemple, comment je vivais «l'absence de vie sexuelle», comment je supportais ma «condition androgyne», ou bien encore ce que je «pensais du café» alors que je ne pouvais en percevoir l'odeur. Pour diverses raisons, mon incapacité à sentir les odeurs les fascinait. En réalité, l'anosmie, à l'instar de nombreuses anomalies physiques, se manifeste de façon bien plus complexe qu'on ne pourrait le croire.

Puisque mon odorat ne fonctionne pas, j'ai le goût particulièrement développé. Les scientifiques nous disent que l'absence d'odorat signifie une absence de goût, mais ce n'est pas vrai. J'ai une telle capacité à distinguer l'amer, le salé, le sucré, l'acide ou l'*umami* (la cinquième saveur) que cela peut parfois devenir désagréable. Les saveurs fortes me rendent joyeux, et mes amis, le sachant, me demandent souvent d'identifier certains épices ou aliments. Certaines saveurs, en revanche, m'échappent complètement. De plus, malgré mon incapacité à sentir, je peux « goûter » l'air. Pour ce faire, je sors ma langue et la projette alentour comme un serpent pour sonder les délicates essences de l'air, lesquelles peuvent s'avérer particulièrement nauséabondes. Ainsi, la plupart du temps, si une odeur flotte dans l'air, je parviens à la détecter. Il reste qu'il est bien embarrassant de se faire surprendre en train de lécher l'air, et je ne le fais qu'en présence d'amis ou lorsque personne ne peut me voir.

Dans un sens, le comportement des médecins se justifie. Je devrais être le premier à comprendre la nécessité d'approfondir les recherches sur les syndromes comme le mien. C'était le fait que je me sente utilisé sans égards qui m'insupportait, le manque de respect pour mon état émotionnel, déjà si précaire. Ils ne semblaient pas comprendre qu'en plus de subir les sautes d'humeur associées au syndrome de Kallman, je devais aussi survivre aux regards braqués sur moi, sans oublier la psychose nord-américaine de la féminité des hommes, qui, à cette époque, conduisait les gens comme moi à se faire battre dans la rue. J'admettais cela d'autant plus difficilement que j'avais depuis longtemps adopté l'esprit psychédélique et le look *peace and love* de l'époque. Je portais les cheveux longs et fus le second « garçon » de mon école à oser le faire. Un vrai défi, en regard de tous ces types qui emmenaient les « chevelus » au fond des ruelles pour les raser. Dans ce temps-là, nous nous battions pour conserver nos cheveux, alors c'est bien amusant de constater qu'aujourd'hui, être en accord avec l'air du temps implique de se raser la tête !

Pour les spécialistes, je constituais un bon sujet d'article ou de recherche, un spécimen rare aux caractéristiques inconnues. Une vraie aubaine. Puis vint le jour où je parvins à dérober mon dossier, tandis que mon médecin était, comme à son habitude, sorti de son bureau à la recherche d'un collègue devant qui m'exhiber. La lettre qui s'y trouvait disait en substance ceci : « Merci beaucoup, cher collègue, de m'avoir permis de rencontrer ce monstre passionnant. » Le mot monstre continue de résonner en moi depuis lors, et m'a d'ailleurs inspiré un recueil de prose poétique intitulé *Monstre : une autobiographie*, dans lequel je me décris comme une « monstrueuse créature rôdant sur les rives des marais nauséabonds... ». C'est à cause de cette lettre, et aussi de tous les viols que j'ai subis, que j'ai développé une grande curiosité pour les caractéristiques psychologiques des malades mentaux et des tueurs en série, véritables monstres de notre société. Peut-être que les victimes ont besoin de comprendre la psychologie de ceux qui les ont blessés et que cela explique que je n'ai jamais haï ceux qui m'ont traité si cruellement, chacun à leur façon, au fil des années. Il m'importe simplement de comprendre leurs mobiles, et c'est pourquoi je reviens inlassablement sur le sujet dans mes écrits.

Néanmoins, ma méfiance à l'égard des médecins n'a pas disparu. Heureusement, ils ne parlent plus comme ils le faisaient, du moins pas par écrit ou en public, et j'ai été, durant les vingt dernières années, suffisamment chanceux pour rencontrer une nouvelle génération de spécialistes, beaucoup plus gentils, plus sensibles et, surtout, qui ont fini par en savoir infiniment plus sur l'anomalie hormonale dont je souffre.

Enfin, après diverses recherches à l'hôpital, ils décidèrent de me bombarder de testostérone puis me laissèrent sortir dans la foulée, sans aucune aide psychologique et sans même prévoir de suivi. La première dose de testostérone fut si forte que mon « micropénis » y alla d'une érection qui dura huit jours. Je dus me cacher dans le sous-sol qui me servait de logement, une lugubre pièce sous-louée, collée contre une bruyante fournaise. Très vite, je me mis à hurler de douleur parce que, passées les premières heures, c'était véritablement insupportable. Peut-être bien que j'étais « petit de toutes les façons », selon les dires d'un des médecins, mais tout cela me rendait complètement fou de douleur.

Telle fut leur méthode pour faire de moi un homme.

J'ai graduellement appris à pardonner leurs actes dénués de compassion aux médecins, mais en ce temps-là, j'étais encore très remonté contre eux. L'estocade me fut portée lorsque je demandai à l'un d'eux ce que mon syndrome impliquait, quel genre de futur cette anomalie me préparait, et qu'il me répondit que «personne n'y avait survécu plus de quarante ans», avant de s'en retourner à sa prise de notes, comme si de rien n'était.

Je bénéficiais donc d'un sursis minime. Seulement voilà, j'étais bourré de doses massives de testostérone. Je représentais une véritable menace pour l'univers, avec une sorte de pouvoir nucléaire. Un type sexuellement débordant, à cause de ce qui se révéla par la suite être des doses de testostérone inadéquates, trop fortes, doté d'un insatiable appétit de vie et hanté par la certitude de mourir jeune. Rien ne pouvait donc m'empêcher de tout essayer. Et c'est ce que je fis. J'essayai tout, ou presque.

# V

Je fréquentai les quartiers chauds de Vancouver. Je devins une tornade humaine pleine d'hormones, m'immergeant dans le monde mouvant de la rue pendant deux ans. J'étais un pétard exotique s'appuyant sur les lampadaires de Granville Street. Cette époque demeure si troublante que, presque trente ans plus tard, je continue d'être incapable de parler ou d'écrire en détail à ce propos. Les médecins me disent que les dommages physiques qui datent de cette période finiront, selon toute probabilité, par me tuer.

Je devins un poète errant, laissant tomber l'université pour la vie de la rue et l'aventure. À vingt ans, je mesurais 1 mètre 68 pour 51 kilos. Grâce à la testostérone, je grandis jusqu'à mesurer 1 mètre 83 et peser 66 kilos à mon trentième anniversaire. Maintenant, dans la cinquantaine, je suis revenu à 1 mètre 77. Mes os semblent s'être compressés et mes articulations craquent, probablement à cause de l'ostéoporose qui s'est développée durant la période de mon adolescence où je n'étais pas encore traité. La testostérone élargit mon visage et me dota d'une pilosité extraordinaire. Ma charpente aussi ne cessa de s'améliorer. C'est ainsi qu'aujourd'hui je pèse 104 kilos. Avec les années, je me suis mis à ressembler étrangement aux amis motards de mon enfance.

Lorsque j'étais jeune, je voyais mon père brûler régulièrement les poils de son torse à l'aide d'un briquet. Il me transmit cette habitude ridicule, et machiste, qui était une tradition familiale. Il y avait des concours entre les hommes pour voir lequel pourrait créer le plus grand brasier. Au début, puisque j'étais imberbe, je ne participais pas, mais lorsque dans la vingtaine mes doses de testostérone prirent le dessus, je pus enfin me raser et devins si poilu que je remportais les concours haut la main. À cause des véritables feux que je pouvais déclencher sur mon torse, les compétitions devinrent presque dangereuses, et donc moins fréquentes. Mais Sharon, ma compagne, aime beaucoup cela, alors, parfois, surtout sous le coup du whisky, le diable en elle me convainc d'enlever mon chandail et de mettre le feu à mon torse – en souvenir du bon vieux temps. Il est toujours drôle de voir la réaction des gens – surtout si c'est la première fois qu'ils y assistent. Les hommes secouent toujours leur tête en souriant avec un air de pitié, tandis que les femmes trouvent cela excitant. L'odeur et le craquement soudain de la flamme bleu-vert illuminent leurs yeux. Cela empêche aussi la repousse trop rapide des poils. Il faut dire qu'il m'arrive encore de découvrir des poils longs de douze centimètres et de me sentir alors comme à l'époque où je recevais des doses massives de testostérone, une sorte d'animal sorti d'une époque révolue. Je me soumets alors à Sharon et à ses grands ciseaux. C'est un autre des malheureux travaux auxquels elle est assujettie à cause de mon état. Pendant ces séances, je reste debout, les mains jointes vers le ciel, écoutant le cliquetis des lames.

Il est décourageant de vivre avec un corps en constante métamorphose – surtout si vous y ajoutez les changements normaux dus à l'âge. Je me sens encore parfois comme si je me trouvais dans cette cave, regardant par une fenêtre, ou sous la bâche d'un camion, perché au-dessus d'un moteur qui ne fonctionnera jamais correctement, tous les cylindres se mettant en marche au mauvais moment. Malgré tout, je continue de penser que tout cela m'aura permis d'observer les possibilités des deux genres sexuels.

Il y a presque dix ans, je présidai un panel de l'Union des écrivains du Canada lorsque cela dégénéra en une querelle acrimonieuse à propos de la discrimination, du racisme et du sexisme – les trucs habituels qui intéressent les intellectuels à notre époque. J'étais moi-même impliqué dans une dispute avec cette grande romancière qu'est Audrey Thomas.

J'ai dû faire une remarque qui se voulait drôle à propos du fait que je pensais bien savoir ce que souffrir veut dire. Audrey me répliqua, du fond de l'auditorium : « Brian, tu ne pourras jamais savoir ce que c'est de souffrir comme une femme », ce à quoi je répondis qu'elle pourrait bien être surprise. Cela irrita Audrey, que je considérais pourtant comme une amie, et elle s'exclama : « Oh, ça va, arrête un peu ! » Les joutes verbales entre écrivains dégénèrent souvent en controverses, aussi n'y portai-je pas vraiment attention. À mon grand amusement, cependant, ma réplique me fit huer par un groupe de filles assis quelques rangées devant Audrey. Je fus à un cheveu de déballer toutes mes histoires de viols, là, comme ça, sur la scène.

Pour une rare fois, je fus cependant assez intelligent pour me taire. De toute façon, je n'ai jamais sacrifié au culte si répandu des victimes. Je laissai donc tomber. Mon syndrome m'avait appris que nos acquis et nos habitudes culturelles déterminent en fait notre rapport au monde. Il n'y a jamais qu'une seule vérité, et pourtant, nous suivons nos endoctrinements, peu importe de quelle partie de l'échiquier politique ils nous viennent, pour expliquer les aléas de notre vie quotidienne. Ainsi, alors même que j'encourageais quelqu'un – dans ce cas-ci, Audrey –, je me retrouvais victime des préjugés et de la vision dogmatique des féministes hurlantes assises devant elle.

J'ai appris au fil des ans à vivre avec le fait d'être traité cruellement à cause de mon apparence – jugée tantôt trop féminine tantôt trop masculine –, mais pour moi, cet épisode constitua un véritable point tournant. Je me sentis soudainement libre – la douleur de mes jeunes années s'était dissipée. Je commençai dès lors à parler de ma condition. Jusque-là, seuls quelques amis très proches et quelques amantes étaient dans la confidence. Dès lors, je ne me sentis plus honteux.

Sans doute existe-t-il de plus efficaces catharsis que de se trouver ainsi invectivé par un groupe de féministes en colère, mais nous ne pouvons qu'accepter nos moments de gloire comme ils viennent. Ainsi que le proclame la maxime de Nietzsche : *amor fati* ; aime ton destin.

Avant la fin de ma tumultueuse vingtième année, je me retrouvai à nouveau au Vancouver General Hospital. Cette fois-ci pour overdose. Ma réputation dans cet hôpital était vraiment magnifique à cette époque. J'étais dans la rue, en quête de mescaline, lorsque je me suis retrouvé pris dans une de ces étranges transactions coutumières au monde interlope. Je finis par acheter seize doses de *Windowpane* LSD. J'étais alors avec une jeune prostituée à moitié accro à l'héroïne qui me suivait partout, juste parce qu'il me restait encore un peu d'argent. Elle me provoquait pour que je lui en donne un peu bien que j'aie déjà refusé. Comme elle insistait, j'y allai délibérément d'une de mes fameuses répliques irréfléchies : « Soit, puisque tu veux me fâcher, alors ma p'tite, regarde-moi bien faire ! » Ne faisant ni une ni deux, j'ai avalé mes seize doses sous ses yeux.

On m'a dit que l'acide des années 1960 était très différent de celui d'aujourd'hui – plus pur, plus fort. Et le *Windowpane* était la crème de la crème. Une seule dose suffisait à faire tanguer les murs autour de vous tandis que vous tentiez désespérément de vous y accrocher. Guidé par des gens tout jaunes (même leurs yeux l'étaient), je me vis embarqué sur un arc-en-ciel en route pour rencontrer Dieu, et tout ça parce que je n'avais pas pu leur fournir le mot de passe, celui qui m'aurait sauvé. Dès que j'eus réalisé que je ne connaissais pas le mot de passe, mon hallucination prit fin. Je ne peux toujours pas me souvenir des paroles de Dieu au sujet de mes échecs lorsque je Lui fus présenté, mais ça m'étonnerait que ce fussent des gentillesses. Je ne me souviens pas plus à quoi ressemblait Dieu, et c'est dommage. Ce pourrait être utile de le savoir.

Cette scène se passa au centre-ville, au Café Love's Skillet sur Granville Street. Il fallut pas moins de deux voitures de patrouille et d'une ambulance pour me traîner à l'hôpital. Je devins ce soir-là, et pour plusieurs années, le «héros» des enfants des rues pour qui j'étais le roi des preneurs d'acide. Ce fut une nuit assez mouvementée.

Dans l'aile psychiatrique, un policier s'assit au pied de mon lit et entreprit de transcrire mon délire par le menu, au cas où je cracherais le nom de mon revendeur, mais mon délire était tel que je finis par l'effrayer, surtout quand je lui dis que le rideau de métal de la porte venait de se transformer en un gigantesque *vagina dentata*, ou que je le décrivis, lui, avec force détails, vieillissant et se décrépissant sous mes yeux. Il finit par s'enfuir et, dès qu'il fut sorti, des araignées géantes aux abdomens rouges et phosphorescents émergèrent du plancher, entreprenant de me dévorer en commençant par les pieds, puis les bruits de la chasse d'eau voisine provoquèrent des hallucinations auditives. Je croyais entendre mes parents m'appeler à l'aide alors qu'à cause de mon comportement irresponsable, ils étaient aspirés par la cuvette l'un après l'autre. Je ne me rappelle pas si c'était avant ou après que mon corps liquéfié eut été absorbé par une énorme aiguille hypodermique plantée dans mon bassin. C'était le chaos complet, mon esprit blessé s'était déclaré la guerre à lui-même.

Le personnel de l'hôpital, malgré mes accès d'hystérie, ne me donna jamais de médicaments pour me calmer. On me garda enfermé dans une chambre jusqu'à ce que je cesse de hurler. Je suppose que le personnel agissait ainsi en pensant que plus je souffrirais, moins je serais incité à consommer à nouveau de la drogue. Mais moi je planais complètement, pour la cinquantième fois de ma vie (j'en suis resté au même décompte depuis lors). En fait, il m'a fallu dix mois pour redescendre sur terre. On me relâcha néanmoins le jour suivant mon arrivée, pour la simple raison que je ne laissais rien transparaître de mes hallucinations. Je me souviens de cet épisode comme de la première fois qu'il me vint à l'esprit que cette drogue n'était peut-être pas aussi merveilleuse que je le pensais. Je ne repris pas d'acide pendant au moins un an.

Après avoir échappé aux griffes des médecins et de l'université, j'ai passé dix ans sur la route, vivant à fond. J'avais tout à prouver. « Les chevaux me conduisirent aussi loin que le désir peut aller », a dit Parménide il y a plus de deux mille ans, un conseil que j'ai abondamment suivi dans ma vie. Mais après tout, chaque poète fait son propre chemin à travers la littérature.

Transportant un gros sac à dos, fait de toile et de bois, de la marque Trappeur Nelson, suffisamment grand et robuste pour transporter des cuisses d'orignal, je traînai ma frêle carcasse du Mexique jusqu'aux îles de la Reine-Charlotte. Sous le coup d'un étrange mélange d'excitation et de dépression, je m'aventurai même jusqu'au Maroc et en revins vivant, malgré les nombreux problèmes dans lesquels je m'étais fourré sur place. Mais mon habitude consistait surtout à partir sur un coup de tête en auto-stop pour la Californie. Je préférais voyager de jour et de nuit, sans escale – malgré mon état hallucinatoire, épuisé, bourré de testostérone et les os douloureux –, essentiellement par manque d'argent, mais aussi parce que je pensais moins à mon désespoir d'avoir à survivre à chaque journée. En comptant sur la gentillesse d'étrangers, je pouvais ainsi atteindre Los Angeles en vingt-quatre heures, même si je continuais à me faire embarquer par des cinglés. Je me souviens avec effroi de ces moments où je montais dans la voiture pour remarquer la « porte du viol », portière dont ont été enlevées poignées de la porte et de la fenêtre du côté du passager, rendant impossible toute fuite avant que le conducteur (ou quelqu'un d'autre) ne vous ouvre de l'extérieur. J'appris très vite à jeter un coup d'œil discret à la porte avant de monter dans une voiture.

C'est sur la route vers la Californie que j'eus à arracher son couteau à un prédateur d'autoroute. Je pris ses clés de voiture aussi et les jetai dans un buisson avant de continuer à arpenter la route, agitant mon pouce ensanglanté pour tenter d'arrêter un autre automobiliste, tandis que le criminel tâtait le buisson pour trouver ses clés en se plaignant, comme si c'était moi le méchant de l'histoire. J'avais un peu de sparadrap dans mon sac dont je me servis pour bander ma main. Ce fut une réparation fort sommaire et je garde donc de cet épisode une cicatrice en forme de harpon sur la paume.

Mon grand degré de résistance à la douleur finit par provoquer plusieurs accidents et blessures. Lorsque je me suis brisé la jambe il y a de cela sept ans, en glissant sur de la merde de chèvre dans une petite ferme, je me la suis immédiatement replacée moi-même, au grand étonnement du vieux fermier. Puis je pris les poulets qu'il me devait et rentrai chez moi dans mon ancien camion à embrayage manuel. Une fois à la maison, je me suis rasé et lavé les mains

avant de finalement me rendre à l'hôpital.
Nous avions abattu des cochons, et j'étais
sale, recouvert de sang et de matières fécales.
Ma compagne, Sharon, est infirmière, et il
était hors de question que je me présente
à son hôpital dans cet état. Puis le choc
arriva, et je succombai presque à la douleur.
J'avais au moins parfaitement replacé la
jambe, ce qui rendit toute attelle inutile. Le
médecin me fit un simple bandage, en me
recommandant de ne plus tenter de replacer
des os brisés moi-même. Le choc s'avère être
un généreux protecteur physique qui vous
donne une occasion de vous rendre compte
de ce qui se passe et de vous en sortir. J'ai
appris à l'apprécier à plusieurs reprises.
Étrangement, mon degré de résistance à la
douleur a grandement diminué ces dernières
années. Je commence à croire que chacun
reçoit une part de résistance à la douleur à
la naissance et qu'elle s'épuise avec l'usage.
Il semble que j'aie déjà utilisé la mienne au
complet, car à présent je sanglote carrément
lorsque je reçois un bon coup. À ce rythme,
j'ai tout lieu de m'inquiéter du futur et des
degrés de souffrance qui m'attendent.

Durant l'un de mes voyages cinglés en
auto-stop, en revenant du Mexique, je suis
monté dans une Corvette conduite par un
homme, aux alentours de minuit dans le coin
de Sacramento. C'était un camionneur qui

faisait des livraisons toute la semaine à Los Angeles et il voulait rejoindre l'appartement de sa copine à Seattle avant huit heures du matin, parce que c'était l'heure à laquelle elle partait travailler. Il était désespérément en manque, mais il était épuisé et avait besoin d'un conducteur. Les Corvette de l'époque n'étaient pas de bons véhicules de tourisme. C'étaient de puissants engins de course. Cette voiture arborait l'un de ces excentriques volants miniatures difficile à manier. Il me laissa le volant et me fit conduire sur une section à huit voies de l'autoroute I-5, m'apprenant ainsi à piloter son jouet hautement performant. Je poussai la voiture jusqu'à 147 milles à l'heure (236 kilomètres à l'heure), la plus grande vitesse à laquelle j'aie jamais conduit. Il se réveillait dès que je descendais sous les 120. Mais, aux petites heures du jour, je heurtai une bosse sur l'autoroute et le véhicule s'envola et redescendit dans un craquement, quatre voies plus loin. Nous sortîmes pour vérifier les dommages. J'étais embarrassé bien que ce ne fût pas de ma faute. La roue arrière était sortie de son habitacle en frappant la bosse, endommageant sérieusement l'aile en fibre de verre. Le propriétaire jeta un rapide coup d'œil à la fissure et dit : « C'est pas grand-chose. J'ai déjà fait pire. Allez, ne perdons pas de temps ! » Et nous repartîmes aussitôt, arrivant très tôt à Seattle. J'étais devenu un véritable guerrier de la route américain.

Puis ce genre de voyage devint la règle.

Au milieu des années 1970, je travaillais dans une imprimerie et pus prendre dix-sept jours de vacances. Je décidai de rendre visite à un ami, l'auteur Séan Virgo, à Saint-Jean de Terre-Neuve. Le temps de traverser le pays en auto-stop, neuf des dix-sept jours étaient passés, et je dis donc à Séan que nous n'avions qu'une nuit pour nous amuser avant que je retourne à la maison, ce qui le fit bien rigoler. Nous passâmes donc la nuit à faire la tournée des bars et à nous réciter nos poésies mutuelles jusqu'à ce que je reprenne la route le lendemain matin. Je revins à Vancouver à temps, malgré quelques incidents étranges à l'aller comme au retour, le pire de tous ayant eu lieu alors que je me dirigeais vers l'est et qu'un homme conduisant une fourgonnette rouge flambant neuve me prit à son bord. Il appuyait sur l'accélérateur comme d'autres mangent du pop-corn (pour rester éveillé) et tétait une bouteille de quarante onces de vodka (pour se calmer). C'était une mauvaise, très mauvaise combinaison qui le fit rapidement virer psychotique. Il avait aussi ramassé un couple de hippies qu'il commença par insulter avant de carrément les maltraiter. Ils prirent peur et demandèrent à descendre au beau milieu de nulle part, dans le nord de l'Ontario. C'en était trop, même pour moi, et je sortis donc avec eux. Le conducteur s'en alla puis revint bientôt, à toute vitesse, tentant de nous écraser, et, pour lui échapper, nous dûmes fuir dans la forêt. Un peu plus tard, une autre camionnette nous embarqua, et, quelques minutes plus tard, nous rattrapâmes le conducteur fou qui, nous voyant, se mit en tête de nous sortir de la route en nous fonçant dessus. S'ensuivit une course poursuite. Le temps d'arriver à Kenora, il avait réussi à nous rejoindre une ou deux fois, apparaissant sporadiquement dans la brume matinale tel un fantôme rouge dans un film d'horreur. Je descendis à un garage et appelai la police pour les prévenir qu'un fou furieux sévissait sur la route et, tandis que je parlais au téléphone, je le vis apparaître soudain et foncer droit sur la roulotte d'une famille en vacances. Heureusement, personne ne fut blessé. Quant au conducteur, il était étendu, semblable à une tarentule géante secouée de spasmes, à l'avant de sa fourgonnette détruite, lorsque la police vint l'arrêter.

Lors d'un autre voyage, je me retrouvai perdu au milieu d'une autoroute isolée très au nord de Prince George. C'était une nuit étoilée et j'étais gelé, recroquevillé dans mes vêtements trop légers. J'entendis quelque chose craquer puis s'avancer lentement et pesamment à travers les buissons. Mon cœur battait la chamade alors qu'un orignal portant panache se frayait un chemin jusqu'à la chaussée de gravier près de la route, s'arrêtant à quelques pieds seulement. Je restai paralysé, terrifié. Je n'oublierai jamais ses bois énormes – d'aussi près, on aurait cru qu'il portait la voûte céleste, avec les étoiles et l'univers, sur la tête. Nous nous fixâmes quelques instants, puis il se tourna, traversa mollement la route et disparut. Il n'était qu'un individu sympathique de plus qui vaquait la nuit à ses affaires et qui, pour une raison compréhensible de lui seul, avait décidé de ne pas me charger. Mais après cette rencontre, j'évitai autant que possible de faire de l'auto-stop la nuit.

J'en avais tant à prouver que j'essayai n'importe quoi. J'ai travaillé à la fourrière, maniant le garrot et capturant les chats, j'ai fait de la restauration rapide et j'ai finalement été clown dans un cirque local, me produisant à l'Exposition du National Pacific, à Playland, et dans quelques autres carnavals mineurs. J'adorais mon costume de clown. Je pouvais être étrange et invisible en même temps. À l'âge de 18 ans, je fus pendant un mois employé dans un entrepôt de livres de Toronto, et je patinais comme un fantôme abandonné dans les allées de livres en prenant les commandes. Je fus pêcheur commercial, et même artificier (dans les camps de bûcherons, on me confiait des explosifs, des détonateurs, de la cordite et de la nitro!). Je fis quelques coups complètement fous pendant que j'occupai cet emploi, comme jouer à la «poule mouillée» avec les autres artificiers – il s'agissait d'observer quelle pression nous pouvions exercer sans qu'ils explosent. Miraculeusement, nous gardâmes nos doigts. Je fus brièvement dépisteur de lieux de tournage en Angleterre et à Toronto, mais c'étaient des projets en l'air, et on ne pouvait de toute façon absolument pas se fier à moi. J'échouai dans un camp de bûcherons de Haida Gwaii, ivre de joie, puis, quelques jours plus tard, j'étais à Londres, en escale vers le Maroc!

Je me suis souvent attiré des ennuis lorsque je dormais dans ce camp de bûcherons dans les îles de la Reine-Charlotte – peut-être parce que j'avais toujours considéré les îles comme mon vrai chez-moi et qu'elles faisaient donc ressortir tout mon côté naturellement irrévérencieux. Une fois, quelques amis haïdas et moi tombâmes sur un ours noir en train de pêcher dans la Slatechuck Creek. Nous nous mîmes, pour une quelconque raison, à parler. Le son de nos voix terrifia l'ours qui s'enfuit dans les buissons. Cela me donna l'excellente idée de surprendre d'autres ours juste pour le plaisir de les voir devenir dingues de frayeur. Il s'agissait en fait d'inoffensifs petits ours qui ressemblent à des pandas de Haida Gwaii, et non pas des gros et méchants ours aux membres gigantesques qui vivent aussi dans l'île. Ce comportement, répété seulement quelques fois, illustre à quel point j'étais cinglé et suicidaire à l'époque. Je ne peux cependant pas m'empêcher de sourire en me revoyant m'avancer lentement derrière un ours noir et hurler « Bouh ! » dans son dos.

Nous jouions aussi à attirer un petit ours-panda dans la cuisine d'un des camps de bûcherons et à lui offrir de la crème glacée et des pêches au sirop. Une fois entraîné, nous laissions l'ours à l'extérieur, et attendions qu'un nouveau, l'un des nombreux *cheechakos* de Toronto, arrive par la porte principale. Nous lui demandions d'ouvrir la porte sous prétexte de laisser entrer un petit peu d'air frais. L'ours, alors, se précipitait et le renversait dans la cuisine. Nous trouvions cela très amusant, mais la direction, moins. L'ours fut ramené dans la forêt et nous, menacés de renvoi. Ainsi va la vie dans le monde sauvage.

La compagnie pour laquelle je travaillais était la même qui, après que le naïf gouvernement NPD de 1972 eut annoncé qu'il allait protéger la diversité biologique des rives, s'occupa de couper les conifères géants de Phantom Creek avant l'entrée en application de la loi. Les arbres coupés étaient si grands qu'on ne pouvait pas les faire débiter par les scieries et que nous dûmes donc les dynamiter pour en évacuer ensuite les morceaux. En utilisant ma taille comme unité de mesure, je calculai leur métrage. Je pouvais me coucher trois fois contre le tronc, sans en atteindre la cime, ce qui veut dire que l'arbre mesurait plus de six mètres. C'est sans doute l'une des plus grandes dévastations de beauté qu'il m'ait été donné d'observer. Je m'enfuis donc loin des multinationales qui exploitaient Haida Gwaii puis quittai les îles de la Reine-Charlotte pour reprendre une fois de plus la route, mais peut-être est-il plus juste de dire que je ne l'avais jamais quittée. Lorsque plus tard j'ai calculé les voyages routiers dont je me rappelais, je me suis rendu compte que j'avais parcouru plus de 115 000 kilomètres en auto-stop en dix ans.

Ma seule constante était la pile de pages manuscrites que j'accumulais. Je lisais n'importe quoi et mettais sur le papier mes rêves. Je continue. Je voulais tout apprendre. Je continue. Je voulais tellement vivre « à fond » que j'ai manqué presque tout ce que les gens normaux appellent la vraie vie. Moi, j'étais « amoureux de la mort lente ».

Je voyais ma propre vie comme un train lancé vers le suicide, et lorsque l'une de mes vagues émotionnelles me submergeait,

je me coupais les poignets, me jetais sous
une voiture ou imaginais n'importe quelle
autre façon spectaculaire de mettre ma vie
en danger. La réalité est que je n'avais pas
l'intention de m'autodétruire, mais que je
tentais de me convaincre que la mort était
le seul remède à mes souffrances. La plupart
du temps, les voitures s'arrêtaient, bien
qu'à quelques occasions elles ne le firent
pas. Je découvris néanmoins de la sorte une
incroyable faculté à rebondir. Puis les doses
massives de testostérone me permirent de
guérir de façon miraculeuse.

Je considère toujours que je meurs un
peu plus chaque jour, mais c'est à présent
une vision philosophique et non plus
seulement émotive. Quant au médecin qui
m'avait annoncé, avec tant de morgue, que
je ne passerais pas le cap de la quarantaine,
lui est mort depuis longtemps. Ma santé
n'est pas exceptionnelle, mes problèmes
médicaux ayant été exacerbés par tous les
abus auxquels je me suis livré, et, même si
cela fait plus de dix ans que j'ai dépassé sa
prédiction, mon quotidien est composé de
beaucoup de souffrances et de fréquentes
visites à l'hôpital. Grâce aux progrès effectués
par la médecine, aucun enfant « de mon
espèce » ne subira autant de traumatismes
(c'est à tout le moins ce qu'on me dit), et cela
est bien, car il n'y a pas, pour un adolescent

androgyne, pire horreur que de se faire coincer dans les douches par ses coéquipiers de football.

# VI

Je vécus le plus triste moment de ma vie il y a six ans, à la mort de mon père. Je vivais seul cet hiver-là, dans un hôtel de deuxième ordre au Yukon, donnant des ateliers d'écriture et fuyant l'angoisse qui continue, à l'occasion, de me prendre au cœur. À la suite de ses funérailles sur la côte ouest, je suis retourné dans ma petite chambre d'hiver, en portant son chapeau et son manteau. Je continuai à le voir en rêve – dans la neige sous mon balcon, chantant *O sole mio*, l'air de me dire malicieusement du regard : «Hey, c'est maintenant que tes problèmes commencent.»

Après qu'on lui eut annoncé qu'il était mourant, papa restait assis des heures durant seul dans le salon, silencieux, fixant la télévision éteinte. Qui sait ce qu'il voyait écrit sur cet écran noir? Il n'y a pas de mots pour soulager la mort, et je n'ai jamais eu le courage d'en parler avec lui.

À d'autres moments, il se montrait ironique. J'étais assis à ses côtés quand il m'a dit, ayant appris que son cancer était en phase terminale : « Au moins, maintenant, je peux recommencer à manger tout ce que je veux. » Il en avait vraiment assez de devoir faire attention au cholestérol et aux histoires de problème cardiovasculaires.

L'amour de la nature sauvage est probablement mon plus bel héritage de lui. Il le propagea à toute la famille. Papa et maman étaient partis sur les routes dès le tout début de leur relation, chassant et pêchant, restant simplement couchés sur les plages ou bien jouant aux cartes à la lumière d'une lanterne Coleman dans une cabane entourée de neige par moins trente, jusqu'aux petites heures. J'ai eu la chance de voir une nature luxuriante qui n'existe plus désormais. La côte ouest reste l'une des cornes d'abondance de ce monde, mais les biologistes nous disent que plusieurs de ses petits cours d'eau plein de vagues, comme le Burnaby Narrows à Haida Gwaii, ou ceux de l'archipel unique des îles du Golfe, comptèrent pendant un temps la plus grande proportion d'espèces au mètre carré de tous les plans d'eau du monde. La terre aussi était riche. Ma génération a presque détruit tout cela, et pollué le reste.

Bien que mes deux parents aient grandi dans les mauvais quartiers de l'East End de

Vancouver, les origines rurales de ma mère par mon grand-père ainsi que l'esprit nomade de mon père nous poussèrent très tôt sur la route. Le camion de vente ambulante était aussi une échappatoire, et il y eut un nombre impressionnant de bateaux au fil des années. Des souvenirs vagues de l'enfance me reviennent souvent – un petit bateau suivant la côte jusqu'à Squamish parce que la dangereuse et venteuse autoroute pour Whistler n'avait pas encore été construite. Elle devint rapidement une immense autoroute et Whistler est devenue une destination mondialement connue. Ils dynamitaient la route de nuit à l'époque. Chaque explosion secouait le petit bateau sur l'eau illuminée par la lune, et nous finîmes par nous retourner dans un craquement sur la surface miroitante. J'étais terrifié. La nouvelle autoroute du canyon du Fraser était aussi en construction à l'époque. Mes premiers souvenirs de ces voyages consistent en bouts de route terreuse surplombant les rapides boueux très loin en contrebas. Il fallait des jours pour atteindre Kamloops, en patientant des heures pendant que les artificiers s'occupaient de dégager les débris qu'ils faisaient en se frayant un chemin à travers les canyons au-dessus de Hell's Gate et d'autres endroits mythiques.

Que nous nous arrêtions dans un campement désolé ou dans une cabane au milieu de la nature sauvage, maman, en un tour de main, le transformait en une base militaire complète avec tout le confort. Les abris étaient érigés, les rats morts évacués dans les buissons, du bois récolté, les repas servis avec la ponctualité d'une horloge. Elle avait un talent spécial pour tout rendre confortable, parfois de façon hilarante. Nous avions l'habitude de conduire jusqu'à White Rock à l'époque où il n'y avait presque personne pour y vivre, à part quelques visiteurs estivaux éparpillés dans des cabanes en ruine. Nous campions sur la plage et festoyions grâce à des crabes en nombre infini. Sur l'île Quadra, le premier à s'éloigner de la casserole de palourdes était un faible. Après plusieurs tournées à Quadra, maman décida de voyager avec style et força papa à déménager tout le mobilier de la chambre à l'arrière du gros camion de vente ambulante. Il n'y avait qu'à relever la bâche pour tomber directement sur un lit double et une commode. Le plastique permettait également de protéger une cuisine improvisée mais complète sur une table de pique-nique.

Dans une cabane de l'Okanagan, je me crus un jour menacé par un serpent à sonnette sous notre porche. Les jours, chauds et secs, étaient pleins de lichen jaune et de mousse verdâtre pendouillant des épinettes chétives. Papa avait toujours des truites accrochées sur des cordes; celles-ci étaient plus tard cuites dans du beurre sur des poêles à frire en fonte alors que des pommes de terres bouillaient sur le feu. Au milieu de toute cette beauté, j'étais remuant, toujours remuant – incapable de rester tranquille. Ces mouvements nerveux avaient parfois de regrettables conséquences – comme de donner des coups de pied dans l'embarcation de papa alors qu'il pêchait la truite, irrité par des fantômes que j'étais seul à voir dans mon ennui. Sans porter attention à ce que je frappais inconsciemment, je donnai un coup de pied dans sa coûteuse canne à pêche. Nous nous penchâmes tous les deux par-dessus bord, regardant la canne disparaître dans les profondeurs verdâtres. Mon père pesta pendant des heures et se lamentait de ce qu'elle fût « aussi inutile que des mamelles sur un taureau » tout en fouillant l'eau avec un gros crochet et une corde dans l'espoir de retrouver son équipement. Il ne revit jamais cette canne.

En plus de la pêche, il chassait activement. Il abattait des orignaux, des ours et des chevreuils (ainsi qu'une chouette, une fois, en s'entraînant – j'eus beaucoup de mal à lui pardonner ce coup-là), et les ramenait, trônant sur sa bonne jambe au milieu de la nature gelée, armé qu'il était de quelques lampées de rhum et de son incroyable volonté, tandis que maman passait des heures à les mettre en conserve, pour ensuite les accommoder pour nos festins. La vie était bien magnifique à cette époque où nous étions certains que la nature ne disparaîtrait jamais.

Et celle-ci nous surprenait toujours, comme le jour où une baleine, probablement une baleine à bosse, égarée sous le petit bateau de papa et de son partenaire de pêche, heurta le flanc du bateau, avant de disparaître en laissant un rond dans l'eau. L'année où nous commençâmes à aller pêcher à Galiano, il y avait tant de saumons que nous ne prîmes même pas la peine de nous servir de notre équipement. Un chiffon et un harpon nous suffirent. Les nids d'huîtres autour des îles de la pointe sud du passage Discovery étaient profonds et larges, tellement bourrés d'huîtres longues de trente centimètres que nous n'osions pas sortir le bateau de crainte de fracasser la coque.

Le monde était tellement plus grand et imposant à l'époque. Mon oncle Arnold, pêchant à bord d'un bateau plein d'enfants, y compris mes cousins et moi, sortit une morue si grande que tout le monde se mit à hurler lorsqu'elle jaillit de l'eau. Je crus qu'elle était plus longue que notre bateau de cinq mètres. Sa tête plate était aussi grande que le capot d'une Coccinelle Volkswagen. Elle faisait

penser à un immense requin blanc. Personne
ne nous avait dit que les morues pouvaient
être de cette taille. Puis elle ouvrit sa gueule
et recracha une autre morue des rochers
de bonne taille qu'elle avait avalée. La plus
petite morue avait attrapé notre hameçon et
la plus grosse avait avalé la petite en même
temps que l'hameçon. Le soir même, nous
mangeâmes ces présents agrémentés de
longues discussions.

On dit qu'être éclaboussé par le jet d'un
épaulard est une bénédiction. Si c'est vrai,
alors j'ai été béni à plusieurs reprises. Une
première fois alors que mon frère nageait et
que je pêchais. Je revois mon appât brillant
sur la peau noire de la baleine tandis que
son jet nous éclaboussait, puis mon frère
fuyant vers les rochers. Une autre fois à
l'époque où les baleines jouaient à «frappe
le bateau» avec notre embarcation près de
Salishan Point. J'étais enfant et je fixais le
bord, lorsque les mâchoires gigantesques
s'ouvrirent à quelques pieds seulement
de moi mais virèrent brusquement, nous
manquant de peu. J'étais paralysé par la peur.
À l'époque, les baleines du détroit de Georgia
s'amusaient à effrayer les touristes, même si
elles ne touchaient jamais personne.

Le terrifiant son de l'air… ce jet
magique… tout cela était aussi fantomatique
que romantique. Mais la vérité est que les

baleines chlinguent horriblement! Même avec mon sens de l'odorat diminué, la seule pensée de l'odeur immonde laissée dans l'air par un jet de baleine est suffisante pour me faire vomir mes biscuits. *Amor fati.*

Durant mon adolescence, nous campions pendant des semaines, nous déplaçant durant tout l'été, de Rebecca Spit à l'île Quadra. J'avais l'habitude de jouer à des jeux de pêche avec les aigles. Après avoir aidé papa à nettoyer ses prises, j'attachais une tête de saumon au bout de ma ligne sans hameçon et la traînais jusqu'à la plage. Les aigles à tête blanche se jetaient au sol et attrapaient la tête, faisant bouger ma ligne comme si j'avais attrapé un très gros saumon, et pendant un bref instant je « pêchais » ainsi les aigles dans l'air, alors qu'ils se battaient obstinément pour le poisson jusqu'à ce que ma corde lâche.

En nettoyant les traces du carnage du jour dans le bateau, j'appris à extraire les bébés vivants de l'utérus des requins de boue que papa détestait tant – parce qu'ils mangeaient les saumons et s'agrippaient à notre équipement – et je les relâchais lorsqu'il ne regardait pas. Je ramenais aussi ces fœtus à la plage et m'en servais pour nourrir les requins adultes. Leurs yeux verts luisaient de façon presque surnaturelle dans l'eau noire; ils sautaient dans les airs, se battant pour les entrailles de poissons et produisant une sorte de jappement effrayant, semblable à celui d'un chien, ce qui justifiait qu'on les nommât aussi poissons-chiens.

À quinze ans, alors que toute l'horreur de ma condition me pesait tellement, je pris l'habitude de marcher sur la plage sud de Quadra, sautant de tronc en tronc, tel un pauvre clone raté de Noureev, sur les entrelacs effrayants de bois mort, très abondant à l'époque, secouant ma radio en cadence sur la musique psychédélique qui commençait tout juste son âge d'or. Un jour, je trébuchai sur un aigle à tête blanche affamé et blessé, touché par un chasseur qui s'ennuyait ou un fermier de mauvaise humeur. Je le capturai aisément et le ramenai au camp, où je construisis un abri de bois mort sur la plage. Je le nourris de saumon pêché la veille par mon père, et, une fois, d'un poulet congelé dérobé dans l'une des grandes glacières alors que ma mère avait le dos tourné. L'aigle reprit des forces mais ne put jamais plus voler. Mes parents s'habituèrent à sa présence, et acceptèrent que je le ramène à la maison où je le gardais dans le sous-sol. Il se sauvait continuellement de sa cage pour se percher sur le congélateur (sachant que s'y trouvait la nourriture), ce qui effrayait maman. On me dit de le donner au zoo du parc Stanley, car tout le monde, à cette époque de grande naïveté, pensait que là on saurait mieux s'en occuper. Plusieurs officiers arrivèrent, y compris mon voisin, qui possédait un oiseau. Il essaya d'attraper l'aigle avec des gants de soudeur, mais l'oiseau, avec ses serres, sectionna le gant et son contenu, et l'on vit apparaître la chair de la main du voisin. L'aigle furieux attaqua ensuite les « professionnels » du zoo qui s'enfuirent. Je dus finalement l'attraper moi-même. L'agrippant, je fixai pendant un instant ses yeux froids et profonds, son bec redoutable à quelques centimètres seulement de mon visage. Durant mon enfance troublée, j'avais appris à communiquer avec les animaux par le toucher, et je peux toujours le faire. L'aigle comprit ce qui se passait, mieux encore que je ne pouvais l'admettre alors. Il arbora un air si fier et résigné que je pleurais en le donnant aux responsables animaliers. Plus tard, j'appris qu'ils avaient abattu l'oiseau immédiatement après leur retour au zoo. Ne croyez jamais les autorités. Ils vous mentiront, bien qu'ils n'appellent pas cela mentir mais « procéder ». Lorsqu'un bureaucrate commence à vous parler de « procéder », sachez que vous allez perdre. Pour eux, la fin justifie toujours les moyens.

Maman et papa finirent par quitter la ville pour vivre sur l'île de Vancouver, où ils devinrent plus amoureux encore à mesure que les années de turbulences s'éloignaient, et bien que papa soit resté imprévisible jusqu'à la fin. On ne pouvait pas prévoir à quel moment il déciderait soudainement de décoller pour une nouvelle impossible expédition. Lui seul savait où il voulait aller, et parfois, lui-même ne le savait pas. En jouant aux cartes, nous l'appelions le Cogneur, parce qu'il s'excluait souvent lui-même de la partie en perdant tout son argent en mises incroyablement risquées.

Mon père s'était vu attribuer quelques autres surnoms. Enfant, au cours d'une balade, il avait disparu des heures durant. Ses frères le retrouvèrent finalement qui se cachait dans les roseaux, sans raison. Ils le surnommèrent donc Moïse. Il est vrai qu'il semblait sans cesse en quête d'une terre promise. Ce qui était le plus surprenant, c'était l'influence qu'il exerçait sur les gens, qui semblaient souvent animés d'une puissante volonté de le suivre – peut-être parce qu'il était toujours à la recherche «d'un raccourci» –, comme la fois où il était triste à cause de la mort de sa sœur et entreprit de me guider, assis à l'arrière de ma voiture, hors du cimetière. Il détestait les cimetières : «Je ne me retrouverai pas là à ma mort.» (Et en effet, il ne s'y trouve pas, nous avons éparpillé ses cendres à Rebecca Spit, où il dort désormais avec les épaulards, les aiguillats et les saumons.) Le raccourci n'était pas aussi accessible qu'il avait semblé de prime abord, et, avant de nous en être rendu compte, nous étions engagés, sous sa pression, en contresens sur une artère majeure. Ce qui est amusant, c'est que le convoi funéraire tout entier se perdit parce que, sachant que je conduisais papa et croyant que lui savait où il allait, il suivait ma voiture. Tout le monde finit donc par hurler et klaxonner, créant ainsi un énorme bouchon de circulation sur l'autoroute. Moïse avait encore frappé. Il n'y avait que lui pour décider de chercher un raccourci pendant des funérailles. Et il semble que j'aie hérité de son impatience.

Peut-être est-ce pour cela que je suis le seul chasseur à s'être fait tirer dessus par un canard mort. Ça s'est passé dans un champ de patates à Comox, près de la maison de mes parents, alors que j'avais vingt-quatre ans. J'étais dehors en train de chasser avec papa – j'étais d'un côté du champ et papa et mon frère de l'autre côté, et j'utilisais le fusil à pompe de calibre 12 de papa. Il n'avait pas de cran de sûreté. Alors que je regardais un vol de canard, je coinçai le barillet sur une jeune pousse de mon abri. Ennuyé, je vidais impatiemment les cartouches par terre, mais me tirai néanmoins sur le doigt alors que je visais la brindille. Le bec d'un canard mort dépassant de la poche arrière de ma

besace devait avoir touché la gâchette, ce
qui m'apprit une autre dure leçon : toujours
vérifier qu'une arme est vraiment vide. Or,
dans ce cas-ci, une cartouche était restée
coincée dans la culasse. Ma main ressemblait
à une cuisse de poulet brûlée au feu, avec des
os blancs jaillissant des chairs explosées. Je
recherchai le doigt, mais ne pus le trouver.
Peut-être qu'un canard vengeur l'a mangé,
depuis.

Étrangement, ce fut aussi l'un des plus
merveilleux événements de ma vie – cela
donna une forme définitive au monde. Je
n'oublierai jamais la marche à travers ce
champ boueux. Sur la moitié la plus éloignée
avait été planté du maïs ; les épis le rendaient
clair. Je devais tenir ma main au-dessus
de ma tête, sans quoi le sang coulait, et je
pointais donc le Paradis, une image sortie
tout droit d'une peinture de Léonard de
Vinci, en marchant à travers le champ. Le
ciel ne m'avait jamais paru si bleu, pur. Cela
reste l'un des rares moments où je me sentis
parfaitement bien dans un monde parfait
– jusqu'au choc lorsque nous arrivâmes à
l'hôpital. Là, ce ne fut pas drôle. Ayant perdu
beaucoup de sang, je devins blanc et me mis
à vomir sèchement ; le médecin me jeta un
coup d'œil et me donna une pleine dose de
Demerol, ce qui me donna un coup de fouet
très rapidement. Je le regardais replacer l'os,

l'attachant dans un cylindre propre ; puis il replaça la peau par-dessus. Je lui demandai une dose de Demerol pour la maison, mais il refusa. C'était encore l'époque où on s'attendait à ce que vous souffriez si vous étiez malade ou blessé.

Ensuite, je passai la moitié de la nuit à jouer aux cartes avec ma famille, surtout parce que mon père se sentait très mal à cause de son arme et de son cran de sûreté brisé. Je dus lui montrer que le doigt manquant n'avait que peu d'importance. Je n'ai jamais considéré que le fusil était fautif. Je n'avais pas fait attention. Néanmoins, papa s'en débarrassa. Il n'utilisa désormais plus qu'un fusil « cassable », et je garde celui-ci dans mon armoire à armes, à présent. J'ai l'intention, un jour, de le remplir de plomb fondu et de le retirer du service actif en l'appuyant contre un mur. Moi, je continue à utiliser un fusil à pompe prêté par un ami.

Ma vie de chasseur touche à sa fin, à mesure que disparaissent les montagnes vierges et les forêts sans tache. Des autoroutes touristiques y mènent désormais ; les forêts ont été coupées à blanc, les animaux mis en danger, un grand nombre de montagnes transformées en centres de ski ou couvertes d'équipement d'escalade. D'autre part, mes genoux sont finis. C'est fatigant pour moi, et il y a d'autres endroits où voyager. J'ai

déjà trop tué dans ma vie. J'aime le goût de
la viande, mais les yeux des cerfs à l'agonie
continuent de me hanter. Il y a deux types
de chasseurs – beaucoup sont étonnamment
tendres. J'en connais quelques-uns qui
pleurent en tuant. J'en ai vu d'autres gonflés
de la petite gloire qui vient avec une arme –
comme ceux qui croient que l'argent ou une
voiture clinquante les sortent du lot. Ce sont
le plus souvent des hommes dérangés, et on
apprend à les éviter. J'ai tué des douzaines
de cerfs dans ma vie, trop de bétail ainsi que
des centaines d'oiseaux, surtout des poulets.
Quelque chose dans les yeux d'un oiseau
qu'on conduit à l'abattoir vous habite pour
toujours, une lueur d'acceptation sacrificielle
proche de la sainteté.

La première fois où j'ai éprouvé de la
tristesse en tuant des poulets date de mon
enfance, lorsque mon père me demanda de
tenir un coq blanc au-dessus de l'évier pendant
qu'il lui tranchait la tête. Le tremblement du
coq mourant m'effraya et je le laissai aller. Il se
mit alors à courir à travers la maison avec des
cris stridents malgré qu'il ne soit plus doté de
cordes vocales, éclaboussant les murs de son
sang jusqu'à ce qu'il se retrouve à l'extérieur
et s'arrête finalement, incapable désormais de
hurler, sur la pelouse.

Comme dit Donne, « chaque mort me
diminue », mais en même temps je crois

que si vous voulez manger de la viande, vous devriez connaître le sentiment de culpabilité associé au fait d'abattre votre repas. Je me promène chaque jour avec les fantômes des animaux que j'ai massacrés. C'est un lourd poids. Je me réincarnerai probablement dans la peau d'un raton laveur, car j'en ai tué un nombre effarant en défendant mes poules. Je m'imagine parfois accédant au paradis dans un chariot doré traîné par cinquante ratons laveurs ensanglantés. À moins que je ne me réincarne en poulet? J'en ai tué un nombre suffisant. Ou bien, peut-être, en chevreuil, pour les mêmes raisons. Est-ce que je scrute mon passé ou mon avenir en regardant leurs yeux mourants? Peut-être qu'avant de mourir, j'aurai assez évolué pour devenir végétarien, mais, vraiment, j'en doute.

Né dans la beauté sauvage de cette côte ouest, je ne peux pas concevoir de vivre ailleurs, et ce fut une grande chance que mes parents m'aient initié au festival permanent de la nature – ces immenses ciels noirs pleins d'étoiles; les brillantes lumières du nord; l'aspect phosphorescent de l'océan lorsqu'on suit en été la piste des épaulards près de la côte, la nuit; le murmure des grands rassemblements de saumons cohos en septembre. Ces saumons font bouger leurs nageoires, remplissant les baies de leurs mouvements doux. Je retiens aussi le son surnaturel d'un chevreuil surpris, ainsi que le cerf sur lequel j'ai sauté à treize ans, en m'agrippant à son cou. Quelle est la folie qui me fit le poursuivre alors, sans arme? Je réussis à le coincer entre les deux bâtiments d'une ferme voisine, pensant «tu es à moi maintenant». Comme si je pouvais contenir la vie elle-même. Le puissant cervidé me frappa au visage si fort que je vis des étoiles pendant des heures, puis me passa dessus. Je n'oublierai jamais l'impact de ses sabots sur mon torse.

Qui ne serait pas enchanté par les milliers d'espèces de mousses des anciennes forêts de Haida Gwaii, au cœur desquelles je vis des cèdres de dix mètres aux racines tentaculaires, se dressant dans la lumière verte après chaque pluie? Je me souviens de toute cette richesse autour de nous, tandis que je marchais sur la plage de bois mort avec mon ami aigle à tête blanche dans les bras, chacun de nous blessé à sa manière, mais unis par une indéfectible confiance mutuelle. Jamais il ne m'attaqua. Le mot richesse est à peine suffisant pour décrire ce que les entreprises de travaux publics asphaltent aujourd'hui sans états d'âme, en ne laissant derrière elles que des îlots de fausse forêt sans vie. Je m'ennuie du grizzli qui fuyait la dépendance et du carcajou qui essaya de me voler mon sac à dos sous le ciel étoilé. Et de la ligne de pêche brisée et du souvenir de moi sautant dans les airs sur le bateau bondé, tandis que mon père jurait et frappait le bord de la barque, jusqu'à ce qu'il se rende compte que j'avais rattrapé la ligne brisée dans les airs et ainsi récupéré l'énorme morue qu'il croyait avoir perdue. J'ai la nostalgie du jour où j'ai marché, enfoncé jusqu'à la taille, dans des vallées emplies de débris de coupe et suis presque mort dans un canot en tentant de remonter une chute d'eau, à cause d'un pari cinglé fait lors d'une inondation (j'avais parié que je pourrais remonter ce canyon trop abrupt).

Il y avait un passage étroit près de l'île Galiano, plein d'une vie surréaliste à marée basse. Durant mon enfance, je le longeais en nageant avec un tuba, passant sans peur à côté des morues, me jetant sur les anémones, m'arrêtant pour observer les pieuvres et les trous de poissons loups. Des oursins dressaient leurs épines et le sol de l'océan était couvert de dollars de sable. De couteaux et de concombres de mer. De sculpins brillants et d'autres mollusques. Nous vivions dans une maison brillante au bord d'un trésor sous-marin. Aujourd'hui, l'endroit est nu et indigent : un total désert, au-dessus duquel se dressent des maisons de plusieurs millions de dollars, artistiquement construites sur la falaise.

Être élevé dans ce dur coin du East End, mais près de la nature sauvage, me permit de connaître ces deux mondes. Les nombreuses routes sur lesquelles me jeta ma faim de vivre firent de même : ainsi je repense à la riche province musulmane de X'ian en Chine ; les terribles et malmenées prostituées de Vancouver, les *drag queens* et les drogués que je fréquentais durant mes mauvaises années (qui sont sans aucun doute tous morts à présent) ; les rêves de néon de Chinatown ; le grouillant marché de Oaxaca, patrie du meilleur chocolat chaud du monde, remué par une jeune femme angélique ; les voitures rapides voyageant entre les villes ; un fabricant de nouilles semblable à un savant bouddhiste à Bangkok ; la révolution psychédélique de la Quatrième Avenue ; Yorkville et Haight-Ashbury avant que les effets secondaires de l'usage des drogues, ainsi que les Yuppies arrivés en troupes, n'en détruisent les rues.

L'un de mes amis appelle le bordel dans lequel nous avons transformé notre planète « une destruction créative ». J'appelle cela un paysage ruiné, et je n'ai plus vraiment foi en l'humanité désormais. Nous avons assurément pavé notre route de déchets, mais nous ne pouvons toujours évoluer et, conformément à la vision de Robinson Jeffers, malgré notre monde détruit, revenir

vers les plaisirs simples et vrais de la lune, des
minéraux et de l'océan.

Lorsque j'eus trente ans, je réalisai que
j'allais mourir sur la route, mais je n'étais
pas prêt à mourir. Exactement comme avec
ma part de courage, j'avais utilisé toute ma
part de chance. J'avais entendu ma «voix
d'alarme» trop souvent. Elle était soit
masculine, soit féminine. Non, ce n'est pas
vrai : c'était une voix féminine, la voix de la
prudence, même lorsqu'elle ressemblait à
un grognement à l'époque des premières
piqûres de testostérone. Ma voix devenait
hurlement lorsqu'un danger menaçait.
Elle avait toujours raison – comme la fois
où je travaillais dans un tracteur pour tirer
des troncs près d'un chantier forestier
non syndiqué, me tenant sur une colline
boueuse près de Kitwanga, regardant deux
tracteurs D-7 qui tentaient de se séparer
l'un de l'autre. Ce faisant, ils heurtèrent un
tronc de soutien qui, par une réaction en
chaîne invisible, déséquilibra le monticule
de troncs au-dessus de moi. Un appel me
vint des profondeurs. Je me tournai juste à
temps pour voir le bout pointu d'un rondin
de douze mètres de long foncer sur moi. Le
temps s'arrêta. Le tronc aussi dut s'arrêter
un temps. Je jure que je fis un bond de trois
mètres avant que le rondin ne passe comme
une fusée à trente centimètres de mon nez.

L'Indien gitskan qui travaillait près de là hocha la tête et dit, à sa manière laconique de Gitskan : «Un saut incroyable pour un homme blanc.» Lorsque je lui demandai si c'était lui qui m'avait prévenu, il dit qu'il n'avait pas vu le tronc arriver.

Les voix cessèrent leur brouhaha en moi. Je changeais. L'excitation vide et sans fin de la route était devenue ennuyante, et je découvris que le chemin entre le dahlia et la rose de mes parterres de fleurs pouvait être aussi profond, et même dangereux, que l'auto-stop sur les routes infinies des jungles du Chiapas pendant la saison des pluies, où que de tenter ma chance dans les casbahs de Casablanca. Dans mon jardin, le chemin s'enfonce plus profondément, et il faut cultiver la terre pour qu'elle produise. Cela prend de la patience, de la clairvoyance et de la générosité – trois dons que je m'acharne à cultiver.

La vie m'offrit aussi de rencontrer une femme, Sharon, qui peut tolérer de vivre à côté d'un volcan. J'héritai ainsi d'une famille, d'enfants, puis de petits-enfants. Chacun d'eux est un miracle, comme toute créature vivante. Je dois encore beaucoup mûrir, et je ne crois pas avoir le temps de finir. Parfois, j'ai l'impression d'avoir été floué par le fait d'avoir vécu une puberté, chimiquement contrôlée, qui dura près de trente ans.

Lorsque je me sens malade ou chagriné, je m'inquiète d'être passé directement de l'enfance à la vieillesse sans avoir eu la chance d'être adulte entre les deux. Ma famille apprit à les tolérer (ou à en rire), mais s'il y a quelque chose que je voudrais changer, ce seraient ces sautes d'humeur : « Et voilà Brian qui recommence. » Mais ce serait comme de dire au cheval d'arrêter d'aller mourir dans le champ du fond, ou de tenter de guérir mes amis des rues d'il y a trente ans (leurs bras et leur poitrine formant un enchevêtrement de tissus cicatrisés) de leur sale habitude de se griffer à chaque fois que le monde allait mal. Le monde, lui, va toujours mal.

J'admets que c'est mon envie quasi irrépressible de me plaindre des « défauts de fonctionnement du monde » qui m'a poussé en politique, sachant qu'à ce chapitre, une grande partie de mon intérêt pour la politique me vient de mon côté italien, tout particulièrement de mon grand-père, même si celui-ci ne fut jamais lui-même impliqué dans les affaires publiques. Ce ne sont pas seulement les mauvais traitements et l'emprisonnement qu'il subit pendant la guerre, mais aussi son sens du *fair play* et de la famille qui m'incitèrent à m'impliquer, que ce fût dans la politique écologique, locale, nationale, globale ou culturelle ! Les camps d'internement où échoua mon grand-père existent toujours. Le seul changement tient à ce que les islamistes y ont remplacé les Italiens.

En 1980, je commis l'erreur fatale d'écrire une longue plainte contre les promoteurs qui ruinaient la communauté dans laquelle je vivais alors, à White Rock. Elle fut publiée dans l'un des deux journaux de la ville. À ma grande surprise (et à celle des promoteurs), je fus élu membre du conseil municipal quelques mois plus tard. Mauvaise nouvelle pour les investisseurs. Premièrement, je lisais les rapports, ce qui me donnait un énorme avantage sur les dinosaures du conseil contre lesquels je me battais. J'ai calculé que je leur avais coûté quatre millions de dollars en projets repoussés pour l'année 1981 –, et ce, même si j'étais seul contre sept au conseil –, projets dont la plupart me semblaient inappropriés, voire absurdes. Les politiciens sont si égocentriques que si vous lancez une « pomme d'or » entre eux, ils commencent invariablement à se battre et à prendre des poses. Ils votaient contre des projets qu'ils appuyaient parce que je les avais, facilement, convaincus que cela servirait leur image. C'était hilarant. Il était pourtant de notoriété publique que je venais de la contre-culture, mais je survécus tout de même à deux élections et à quatre années sans même porter un costume ou une cravate. Je n'ai jamais aimé les cravates et n'en ai plus jamais porté depuis le jour où, au secondaire, un groupe d'élèves m'a, pour s'amuser, attrapé, coincé les cheveux sous une plaque de métal pour aplatir ma longue chevelure, puis m'a quasiment étranglé avec une cravate humiliante pour ma photo de fin d'études. J'arbore sur ce cliché un délicieux air de souffrance. Je compte la cravate comme un signe public de soumission à la domination de la culture commerciale de notre société, en somme la marque de la servilité de l'homme.

Je dois admettre que j'ai tout de même effectué quelques prouesses en tant que politicien, notamment lorsque, après avoir gagné ma seconde élection, je me présentai à l'hôtel de ville pour la soirée des élections soûl et enragé comme un cochon. L'équipe de télévision me filma condamnant l'électorat pour sa stupidité – bien que j'aie été élu triomphalement –, ayant élu un autre candidat, cette fois sur le conseil scolaire local, appelé Clarence White, dont l'extraordinaire slogan de campagne était «White, c'est bien ». C'était un ancien professeur qui se vantait de passer ses mois d'été à «placoplâtrer» des maisons – ce qui lui donnait donc une longue expérience pour traiter avec les élèves qui avaient des

problèmes de comportement. Ce district
scolaire, bien que ce monsieur soit depuis
longtemps parti, continue d'être accusé
d'intolérance et a récemment perdu un
procès à la Cour suprême pour avoir banni
des livres traitant d'orientation sexuelle. Mon
apparition cette nuit-là à la télévision, il y a
vingt ans, tenant difficilement debout, saturé
de brandy et agonisant d'injures les gens
qui m'avaient élu, a pris dans la mémoire
collective de notre communauté la place
d'une légende politique.

Le journal local parvint finalement à me
régler mon compte en publiant une série
d'articles tendancieux, juste avant l'élection
suivante. On avait même distribué ce torchon
dans les bureaux de vote le jour des élections.
J'arrivai quand même second aux élections
préliminaires, battu par seulement onze votes
supplémentaires par le gagnant. Et je surpris
tout le monde en poursuivant la feuille de
chou pour diffamation. Je me méfie de la
délation, mais quand on en vient à manipuler
une élection, dénoncer me semble un devoir.
Le procès qui s'ensuivit dura une semaine à
la Cour suprême et fut terrifiant. Comme les
auteurs du journal étaient très évidemment
coupables, cela tourna au carnage. Ainsi
que je l'avais promis avant le jugement, je
remis la majeure partie de la somme qui me
fut allouée à titre de dommages et intérêts

à ceux qui m'avaient soutenu durant le
procès, dont mon avocat, Johnny Blewett, qui
assura gratuitement ma défense pendant la
procédure. Il venait de la Saskatchewan, était
maladroit et avait un visage taillé au couteau,
se montrait grand amateur de costumes à
carreaux et parlait comme un paysan, sauf
durant le procès au cours duquel je fus
étonné de l'entendre rivaliser d'éloquence
avec le coûteux avocat de Vancouver aux
chemises de soie engagé par la partie adverse.
Avec l'argent qu'il me resta, j'achetai mon
perroquet, Tuco, qui, depuis vingt ans déjà,
perché sur mon épaule, me regarde écrire,
en me divertissant de ses discours sur le but
de l'existence dans ce fol univers. Cet oiseau
possède le sens de l'absurde et m'aide à vivre
avec l'horreur que je lis chaque jour dans
nos journaux.

De mes racines italiennes, j'ai également
hérité un amour pour les aliments frais
et le potager. Si l'on en croit les légendes
familiales, ma grand-mère préparait tout de
la même façon qu'elle le faisait en Italie. Elle
passait des heures, des jours, des semaines
à mettre en conserve, bouillir, fumer ou
saler des aliments, pendant que grand-père
prenait soin des légumes et recueillait de
l'engrais. Lorsqu'elle mourut, peu après
ma naissance, et que mon grand-père se
fut remarié, notre nouvelle grand-mère,

Maria, reprit la tradition culinaire avec la même grâce. Le potager formait un mélange luxuriant où semblait pousser le monde entier, avec des rangées serrées de légumes et de fruits méticuleusement cultivés. Il y avait là des framboises grosses comme le pouce et de minuscules tomates sucrées. Grand-père s'y connaissait en viandes et en pâtes ; il était un *pater familias* à l'ancienne mode : ou bien tu *capischais* ce qu'il disait, ou bien tu laissais tomber ! Il n'avait qu'à me regarder avec intensité pour que mes joues se mettent à irradier. Encore aujourd'hui ma mère se rappelle qu'il lui faisait faire le tour de la maison en la tenant par le lobe de l'oreille, tout en touchant les comptoirs pour vérifier qu'elle les avait bien cirés. Il me tira les oreilles à quelques reprises, moi aussi, mais j'avoue que je l'avais mérité. Les repas de famille étaient égayés de discussions animées, de vin et d'amitié. Parce que nous étions Italiens, personne ne parlait à une personne en particulier mais à tout le monde à la fois. Grand-père ne se mêlait jamais de nos querelles ; il arbitrait plutôt le tout avec un œil glacé, lâchant de temps à autre une calme, et terrible, réprimande. L'un de ses jeux favoris consistait à brandir la carafe de vin, menaçant de régler le cas de quiconque restait trop silencieux à table ou gagnait un peu trop souvent aux cartes. Il balançait le contenant de part et d'autre comme un goupillon, comme une bénédiction divine qui pouvait, comme dans la vraie vie, être facilement attribuée ou retirée selon son caprice.

Lors des occasions spéciales, nous mangions *al fresco*[4], tous assis autour des tréteaux alignés sur le gazon, à l'arrière de la maison, parmi les fleurs, les arbres fruitiers, les vignes et les légumes. Pour ces jours-là, grand-père réservait son plus beau couvert et le meilleur vin de sa cave (il ne sortait les bouteilles, largement coupées d'eau et de sucre, que lorsque tout le monde était trop soûl pour s'en rendre compte), la table croulant sous l'abondance, tandis que grand-mère s'occupait seule du service puis de la vaisselle. Son attitude apparaîtrait aujourd'hui comme désespérément sexiste, mais elle peut aussi être considérée comme une pièce de théâtre parfaitement réglée, les deux acteurs, grand-mère et grand-père, se conformant sans effort au rôle qu'ils avaient répété au fil des décennies.

À la fin de sa vie, se mourant du cancer dans son lit, ratatiné et la peau brunâtre, grand-père me rappelait Gandhi. Petit, il s'étiolait encore plus, mais sans rien perdre cependant de sa dignité et de son grand

---

4.  Au frais. (N.d.T.)

cœur. Lorsqu'on l'amena la première fois à l'hôpital, il jeta un coup d'œil à la nourriture et dit : «Pas question que je mange cette merde», s'entendit répondre : «Parfait, nous allons vous nourrir par intraveineuse». Il répliqua : «Très bien, mais il n'est pas question que je mange cette merde.» Et il ne le fit d'ailleurs pas. Après quelques jours, l'hôpital déclara forfait, et la pauvre grand-mère Marie dut lui apporter ses repas, en tout cas une portion assez grande pour qu'il continue à s'alimenter. Elle ne pouvait venir le matin, ce qui signifie qu'il devait probablement souffrir lors des petits-déjeuners.

Il me fut donné d'assister à l'un de ses repas. Je le vis se redresser et s'asseoir noblement dans son lit, sa serviette nouée par-dessus son pyjama. Devant lui trônait un bol de minestrone, du pain maison frais, des poivrons rouges dans l'huile, de la salade, des pâtes, des betteraves en conserve maison, du poulet rôti, quelques exquis biscuits et, bien sûr, un bon verre de vin. Il finit tout son repas, s'essuya les lèvres et, alors que grand-mère ramassait le tout dans son panier, il dit aux autres patients affamés de sa salle : «Voilà une femme qui sait cuisiner!» Il était fier d'elle, et même s'il ne prodiguait pas ses remerciements à tort et à travers, il n'avait pas de mal à le faire lorsque c'était mérité.

Dans ses dernières années, je lui offris une coûteuse écharpe écossaise comme cadeau de Noël. Il la porta jusque sur son lit de mort à la maison, parce qu'il grelottait tout le temps. Je trouvais étrangement gratifiant de le voir emmitouflé dans cette écharpe. Le Noël suivant sa mort, j'ouvris mon cadeau de la part de grand-mère Marie et, découvrant l'écharpe, fondis en larmes. Tout le monde reçut quelque chose qui avait appartenu à grand-père. Mes parents furent tout d'abord scandalisés, surtout ma mère, parce que ces objets constituaient de poignants souvenirs. Tout le monde pleura à ce Noël, mais, après quelque temps, nous réalisâmes ce que grand-mère avait voulu faire et comprîmes que c'étaient là les plus beaux des cadeaux de Noël. Trente-trois ans plus tard, je possède encore cette écharpe, et je me sens occasionnellement assez adulte pour la porter.

Mes oncles italiens héritèrent du panache de grand-père et continuèrent à animer ma vie. En l'honneur de grand-père, et comme la famille élargie commençait à s'éloigner, je me mis à organiser des fêtes pour nous rassembler tous. Je nommais ces réunions « fêtes du cochon » parce que nous y rôtissions un cochon entier. Tout le monde était convié. Il y avait d'anciens *cumbahs* italiens, des *shrubbies* locaux (jeunes hippies vivant dans

la forêt toute proche), de jeunes poètes, de
vieux poètes, des artistes, des hordes d'enfants
italiens, des chanteurs d'opéra, des fermiers,
toute la banlieue *cockney* de Vancouver, et
tous ceux que nous pouvions trouver. Ces
fêtes, bruyantes et qui duraient toute la nuit,
survécurent à tout, aux alertes à la bombe
comme aux divorces. Quelques enfants
turbulents furent surpris à fumer des joints à
l'arrière de la maison par ma parenté italienne
à l'esprit conservateur (ce qui donna lieu à
beaucoup de hurlements et de harangues de
la part des aînés). Des danseuses du ventre
et des joueurs de cornemuse écossais jouant
*Amazing Grace* accompagnaient la cuisson du
cochon, tandis que les végétariens couraient
se mettre à l'abri.

Lors d'une des premières fêtes du
cochon, mes deux oncles italiens mirent
accidentellement le feu au cochon en
jouant négligemment avec le barbecue.
De la maison, j'entrevis le souffle du
feu par la fenêtre du salon. Je sortis en
courant dans la cour; il devait y avoir cent
cinquante personnes rassemblées là. Tout
le monde était silencieux alors que mes
oncles combattaient les flammes. Une seule
voix s'éleva et dit : «Oh, oh, voilà Brian qui
remet ça!» Mes sautes d'humeur étaient
déjà bien connues – je pouvais devenir fou
pour un mouvement de chapeau –, et tout

dépendait de la date de ma dernière prise de
testostérone. Mais moi, tout ce que je pouvais
voir, c'étaient des étoiles mauves, et tout ce
à quoi je pensais était : « Comment vais-je
nourrir cent cinquante personnes avec un
cochon carbonisé ? » Puis l'un de mes frères
dit d'une voix assurée : « Ne vous inquiétez
pas. Il ne va pas s'attaquer à ces deux-là ! » Ce
en quoi il avait raison.

Mes oncles étaient excités comme des
puces. Le temps que je parvienne jusqu'au
barbecue, ils avaient déjà éteint le feu et,
à l'aide d'une broche à poulet, avaient
récupéré tous les morceaux tombés sous
la grille. J'étais tellement fâché que j'en
devenais incohérent. Mon oncle Tony dit
simplement : « Ça ne vaut pas la peine de
s'échauffer comme ça », tout en continuant
à enlever les fragments de peau carbonisés,
incapable de retenir son sourire. Puis mon
autre oncle, Gino, tenta de me réconforter :
« Sûr que nous ne vivons pas dans un monde
parfait », me dit-il. Il se retenait de me
taquiner davantage, parce que c'était lui qui
avait accidentellement mis le feu, en lançant
du papier de boucherie sur les braises.
Malgré tout cela, le cochon fut, bien sûr,
aussi délicieux que d'ordinaire, et à présent
qu'oncle Tony est décédé, je me souviens
tendrement de lui. Mon oncle Gino, lui,
garde tout son charme.

Il y eut toujours beaucoup de générosité du côté de ma famille italienne qui aima spontanément la flamboyance de mon père. Dans ses dernières années, c'est papa qui devint le *pater familias* au grand cœur autour duquel tournaient les choses. Pour le cinquante-cinquième anniversaire de mariage de mes parents, tout le monde contribua à leur louer une cabane pendant quelques semaines sur l'île Quadra, là même où ils avaient aimé passer l'été pendant trente ans. Ils étaient désormais devenus trop vieux et trop perclus d'arthrite pour camper. Les yeux de mon père s'illuminèrent quand il découvrit le cadeau : « Magnifique ! Ainsi tout le monde pourra venir ! » Même si c'était un cadeau pour maman et lui, sa première pensée fut de le rendre à la famille, pour que nous puissions nous y réunir. Ma famille apprécie la nature sauvage autant que moi. Il m'est difficile de vraiment rendre compte de ses goûts et des idées étranges qui l'amusaient. Papa était toujours plein de ruses et de jeux. Le fréquenter, c'était comme faire partie d'un spectacle de magie.

Il n'y avait pas moyen de lui enlever une idée de la tête. C'était généralement amusant, mais aussi parfois inquiétant, comme cette nuit où nous bûmes un peu trop de bières à l'hôtel Lorne de Comox. Nous avions déjà battu tout le monde au billard, et les gens de l'endroit, irrités, décidèrent qu'il fallait remettre ce vieil emmerdeur et son fils à leur place. Avant même que je m'en rende compte, papa, alors dans la soixantaine, avait entamé un tournoi de bras de fer avec les jeunes bûcherons et d'autres loubards. Je l'entendais grogner : « Allez, venez, je vous prends tous ! » ce qu'il fit, d'ailleurs, les forçant à se soumettre l'un après l'autre, et ne s'arrêtant que le temps d'une nouvelle bière. Son dernier adversaire, sorte d'armoire à glace pleine de muscles, était à sa dimension. Papa le battit, mais poussa si fort pour lui écraser le bras sur la table qu'il s'étira le biceps, lequel se rétracta autour de son os. Le muscle guérit progressivement, mais c'en fut définitivement fait de ses victoires au bras de fer.

Nous apprîmes tous de lui l'amour du jeu, jeux de cartes ou courses. Il nous enseigna que, cinglé pour cinglé, lorsqu'on joue, on le fait jusqu'au bout, et avec le sourire. Courir avec le vent était ce qui lui importait le plus, même avec une seule jambe.

# VII

Je pense souvent à la vieille signification anglo-saxonne du mot *weird*[5] : *wyrd* – une danse magique de chance et de destin, délicieuse et effrayante en même temps. Eh bien, je suis né dans un corps *weird* et j'ai vécu une vie *weird*. Les mots alignés sur ces pages en attestent. Ce livre constitue également mon hommage *wyrd* à mon père décédé, et à ma mère toujours très vivante.

Mon père n'aurait pas apprécié toutes les histoires relatées ici, et que je n'aurais pas racontées de son vivant, mais nous n'aimons pas toujours ce que la vie nous apporte, n'est-ce pas? Il n'aurait pas apprécié mes poèmes obscènes, mon babillage violent sur les excentricités de la vie ou, pire, mon comportement souvent si répréhensible. Et puis il croyait qu'on doit garder certaines choses pour soi. J'aurais aimé, pour de

---

5. Étrange, différent. (N.d.T.)

multiples raisons, que ce livre fût plus proche de ce qu'il aurait souhaité.

À présent, Sharon et moi nous occupons d'une petite ferme biologique. J'ai abandonné la ville des dures années et suis revenu au monde rural aimé de mon enfance : les matins froids et lumineux ; les déjeuners sur le bord du lac ; le petit claquement métallique des fours à bois ; la radio clamant les nouvelles matinales à travers les montagnes.

Chaque jour, j'apprends des animaux à faire attention. Les plantes m'apprennent la patience, pas assez encore, mais je continue à essayer. Il faut de nombreuses années pour trouver la force de raconter son histoire, mais pour moi le temps était venu. Il y a beaucoup de choses que je n'avais jamais dites, et elles restent trop difficiles à formuler à haute voix. Je sais que certaines de ces révélations pourront choquer ma famille et mes amis. Mais je pense qu'ils devront vivre avec.

Lorsque j'ai commencé ce récit, j'étais en attente d'une opération au genou, et je ne pouvais que boiter. Pour m'aider à endurer la douleur articulaire, on me prescrivit de puissants narcotiques qui ruinèrent mes intestins. L'ironie veut qu'à présent mon corps rejette toute forme de variante des drogues consommées en abondance durant mes années difficiles, il y a de cela trente ans. Ainsi ai-je détesté me faire prescrire de la morphine. Outre mon système digestif, elle endommagea également mon corps et me perturba dans mon travail. Heureusement, l'opération de mon genou réussit et changea tout cela. Je dois prendre quelques analgésiques de temps à autre, mais je peux à nouveau marcher, et mes articulations, certes friables, me permettent encore de me tenir droit. Un de mes pieds ne semble plus vraiment répondre et nécessitera peut-être une nouvelle intervention. Mais bon, je peux continuer ma route encore un bout. Droit devant.

Même si je me suis jusqu'à un certain point installé, la soif d'aventures demeure. J'ai toujours aimé le récit que fit Thomas Merton d'une soirée qu'il passa avec un abbé, assis sur un petit banc devant une haie de monastère. Le vieux prêtre se tenait tranquille tandis que l'obscurité s'épaississait. Puis un train siffla dans le lointain. Malgré une vie passée dans ce monastère à interroger sa relation avec Dieu, le vieil homme murmura soudain : «Chaque fois que j'entends siffler ce train, j'ai envie de partir.» Le poète John Keats a dit dans l'une de ses dernières lettres : «Il n'est rien de stable en ce monde : le vacarme est votre seule musique[6].» Je ne peux imaginer meilleure épitaphe pour moi, mais seulement

---

6.  Voir exergue.

si cela inclut le silence et la simplicité en plus
de la volupté, de l'improbable et du bruit.
Pour moi le vacarme recèle tous ces aspects,
et tous je veux les connaître.

Comme Tirésias, j'ai eu un aperçu de ce
que signifie être un homme et une femme à
l'intérieur du même corps – ou bien du sexe
intermédiaire, l'hermaphrodite, peu importe
comment vous voulez l'appeler. C'est inouï.
Et même si je ne crois pas que ce double
aperçu m'ait donné plus d'intelligence ni
de compréhension, cela m'aura ouvert une
perspective différente.

J'ai certes encaissé les coups pendant
une bonne partie de ma vie, mais n'en garde
aucune rancune. Revisitant les souvenirs de
ma vie comme autant d'étapes d'un voyage, à
chaque halte j'ai vu un paysage aussi différent
qu'exotique : l'histoire de papa lançant ses
rivets incandescents durant ses quarts de nuit
sur le chantier naval ; maman transformant en
un après-midi n'importe quel coin sauvage en
véritable foyer ; dans une crique étroite mon
ami haïda se faisant entraîner sous l'eau par
un saumon chien géant (plus gros que lui)
qu'il tentait d'attraper, ses amis se roulant de
rire de le voir ressortir quelques mètres plus
loin. Et puis, le bouddha doré de Bangkok et
le grand bouddha de Leshan, près du pavillon
de jade, vieux de mille ans, qui surplombait
le croisement des rivières Minjiang, Dadu et

Qingyi. Mes compagnons de la rue perdus de vue. Les nuits sous les néons de Chinatown. Et encore, la statue sous-marine de la Madone entourée de poissons chatoyants dans les Caraïbes, sans oublier les arbres ployant sous les papillons monarques sur Butterfly Lane, à Santa Barbara…

D'une certaine façon, je me considère comme une créature chanceuse, parce que tout cela fut un festin. Un kaléidoscope. Ce fut comme si une nuit pleine de noirceur arctique poursuivait une aurore boréale à travers la neige au volant d'une jeep, en écoutant le ronronnement électrique. Les Inuits croient que les lumières du Nord forment le peuple des esprits des morts, en train de disputer une partie de soccer. J'ai souvent pensé aller les rejoindre. On doit jouer là-haut un match fort élégant, en étant mort, et néanmoins flotter dans ces nébuleuses aux couleurs phosphorescentes.

Il m'est aussi arrivé d'extraire un agneau vivant du ventre de sa mère morte puis d'entasser de la terre noire sur les premières pousses de fèves vertes, d'enterrer mon vieux chien, mort malgré des années d'un amour indéfectible, puis d'élever un chiot chanceux qui avait refusé de se noyer dans un étang gelé. Je ne peux renier les moments amers, les nuits passées à pleurer dans mon whisky, jusqu'à ce que je finisse par me coucher et qu'au réveil tout recommence. Chaque aurore flamboyante m'impressionne, chaque nouveau jour représente à la fois une aventure et une absurdité. Et finalement, le chatoiement du crépuscule ouvre sur la magie qui s'installe avec la nuit.

OUVRAGE RÉALISÉ PAR
LUC JACQUES, TYPOGRAPHE
ACHEVÉ D'IMPRIMER
EN AOÛT 2008
SUR LES PRESSES
DES IMPRIMERIES TRANSCONTINENTAL
POUR LE COMPTE DE
LEMÉAC ÉDITEUR, MONTRÉAL

DÉPÔT LÉGAL
1re ÉDITION : 3e TRIMESTRE 2008
(ÉD. 01 / IMP. 01)